文化传承发展
百人谈 贰

陈岚 李鹏 主编

四川人民出版社

图书在版编目（CIP）数据
文化传承发展百人谈．贰 / 陈岚，李鹏主编．
成都：四川人民出版社，2024. 9. -- ISBN 978-7-220
-13821-8
Ⅰ. G122
中国国家版本馆 CIP 数据核字第 2024RD6466 号

WENHUA CHUANCHENG FAZHAN BAIREN TAN · ER

文化传承发展百人谈 · 贰

陈 岚　李 鹏　主编

出 版 人	黄立新
策划统筹	陈蜀蓉
责任编辑	陈蜀蓉
特约编辑	栾　静
装帧设计	李其飞
责任校对	喻小红
出版发行	四川人民出版社（成都三色路238号）
网　　址	http://www.scpph.com
E-mail	scrmcbs@sina.com
新浪微博	@四川人民出版社
微信公众号	四川人民出版社
发行部业务电话	（028）86361653　86361656
防盗版举报电话	（028）86361661
照　　排	成都木之雨文化传播有限公司
印　　刷	成都市火炬印务有限公司
成品尺寸	165mm × 230mm
印　　张	18
字　　数	250 千
版　　次	2024 年 9 月第 1 版
印　　次	2024 年 9 月第 1 次印刷
书　　号	ISBN 978-7-220-13821-8
定　　价	89.00 元

《文化传承发展百人谈》编委会

主　编： 陈　岚　李　鹏

副主编： 姜　明　赵晓梦

责　编： 栾　静　赖永强　毛漫丁　颜　婧　马艳琳　黄　颖　史　册　任　鸿　喻　茂

编　辑： 裴　蕾　王向华　梁　庆　杜馥利　李　蕾　郭雨荷　周芷冰　朱文博　沈晓颖　刘津余

采　写： 吴晓铃　余如波　王国平　付真卿　成　博　边　钰　李　婷　薛　剑　段玉清　薛维睿　栾　静　吴梦琳　黄　潇　吴　聃　吴　枫　李　强　韦　维　华小峰

赓续中华文脉的有益尝试

——《文化传承发展百人谈》编辑出版代序

文化，是一个国家、一个民族的灵魂。文化兴则国运兴，文化强则民族强。没有高度的文化自信，没有文化的繁荣兴盛，就没有中华民族伟大复兴。文化作为人类智慧的结晶，承载着历史的记忆，凝聚着民族的智慧，传承着世代的精神。文化是我们与过去连接的纽带，也是通向未来世界的钥匙。

2023年6月2日，文化传承发展座谈会在北京召开，习近平总书记出席会议并发表重要讲话。他强调，在新的起点上继续推动文化繁荣、建设文化强国、建设中华民族现代文明，是我们在新时代新的文化使命。要坚定文化自信、文化使命，奋发有为，共同努力缔造属于我们这个时代的新文化，建设中华民族现代文明。

以实践者所思所行、所感所悟，书写中华优秀传统文化在当下的保护传承尤其是创造性转化、创新性发展的“大格局”，当属新时代主流媒体的责任和义务。作为中共四川省委机关报，四川日报致力于做中华优秀传统文化的时代表达者和全媒传播者，从2023年9月起，四川日报全媒体策划推出了“文化传承发展百人谈”大型人文融媒报道。

文脉传承，弦歌不辍。记者奔赴全国各地，采访100位顶尖的专家学者、作家、艺术家和相关组织机构负责人，他们来自哲学、社会学、历史学、考古学、语言文学、艺术学等各个不同领域，拥有丰富的实践经验和深刻的思想洞见。以小见大，见微知著，他们的人生经历、从业实践和精神力量，是中华优秀传统文化传承发展的生动缩影。

观点鲜明，脑力激荡。每一次采访，每一篇文章，都是对一位大家思想精华的采撷和呈现，他们以自己的专业知识和独到见解，从不同侧面彰显中华优秀传统文化的丰富内涵，探讨文化保护传承，尤其是创造性转化、创新性发展的重要价值、面临的挑战和应对之策。这些思想的波涛澎湃奔涌，不仅展示“以文化人”的精神境界，更能奏响砥砺前行的铿锵足音。

该书的出版，是对诸位大家亲身参与、亲身见证文化传承发展的行动成果和思想结晶的一次集中展示。阅读这本书，可以感受到他们对文化传承发展的热情和责任感：他们不仅关注中华优秀传统文化的表象，更深入探讨其内涵和本质；他们的观点和建议，既有理论的高度，又具有实践的可操作性；他们的思想和实践，将激励更多人投身于文化传承发展事业中。

该书的出版，旨在以先行者、有为者的思想和实践作为参照，激发更多人对文化传承发展的责任感和使命感，唤起新时代文化工作者对文化传承发展的关注和重视。百位大家的深入探讨，可以振奋读者对文化传承发展的热爱和担当，从中汲取智慧和力量，致力于保护传承、发展创新、交流融合。

感谢在百忙之中接受采访并对稿件进行细致审校的大家们，感谢提供图片资料、给予意见建议以及参与讨论的朋友们，感谢同样对文化传承发展事业情之所钟并对该书予以精心编辑制作的出版社同仁们。

持炬火以汇聚万千气象，知来路以成就锦绣前程。传承不仅仅是对过去的守护，更是对未来的承诺。唯其如此，文化的血脉方能流淌不息，民族的精神方能永续长存。希望“文化传承发展百人谈”成为一扇窗口，让更多人了解和关注文化传承发展，以及这项事业的价值意义。让我们认真贯彻落实习近平文化思想，以传承为根基，以创新为动力，共同开启“古今以智相积”的中华优秀传统文化的新时代新篇章，为建设中华民族现代文明贡献绵薄之力。

《文化传承发展百人谈》编委会

2024年4月8日

目录

CONTENTS

文化传承发展百人谈 21——高　星 …… 1

文化传承发展百人谈 22——廖昌永 …… 15

文化传承发展百人谈 23——吴志华 …… 29

文化传承发展百人谈 24——叶小钢 …… 43

文化传承发展百人谈 25——吴志良 …… 57

文化传承发展百人谈 26——田　青 …… 71

文化传承发展百人谈 27——王炳林 …… 85

文化传承发展百人谈 28——孙小淳 …… 97

文化传承发展百人谈 29——龚　良 …… 111

文化传承发展百人谈 30——冯双白 …… 125

文化传承发展百人谈 31——王其亨 …… 139

文化传承发展百人谈 32——杜泽逊 …… 153

文化传承发展百人谈 33——聂卫平 …… 167

文化传承发展百人谈 34——孙　郁 …… 179

文化传承发展百人谈 35——沈铁梅 …… 193

文化传承发展百人谈 36——王亚民 …… 209

文化传承发展百人谈 37——刘正成 …… 223

文化传承发展百人谈 38——李心草 …… 237

文化传承发展百人谈 39——黄会林 …… 251

文化传承发展百人谈 40——刘魁立 …… 265

21

提　要

- 旧石器考古就是从地层里去寻找人类遗骸和遗物、遗迹。我们用地层作为纸张，用文化遗物和遗迹作为文字书写历史

- 没有旧石器时代考古和史前研究，我们就不会了解99%的人类历史。我们正在书写这部人类史，它对人类物种的发展、人类精神的充实作出了重要贡献

- 文化自信不仅仅是对我们所在的区域以及国家所产生的自信，旧石器考古传递的自信可以上升到对人类这个物种的自信上来

高星

著名考古学家
古人类学家

人物简介

高星，辽宁宽甸人，著名考古学家、古人类学家，中国科学院古脊椎动物与古人类研究所特聘研究员、中国科学院大学岗位教授、博士生导师，享受国务院政府特殊津贴，承担科技部、国家自然科学基金、国家社科基金等多项重大项目。主要研究领域为古人类学和旧石器时代考古学，出版《水洞沟——穿越远古与现代》《周口店北京人遗址》等10余部专著。

以地层为纸遗物为字 书写人类数百万年的演化史

在漫长的人类历史中，长达数百万年的旧石器时代占据了99%以上的时间。时光飞逝、沧海桑田，大多数旧石器遗址只留下了冰冷的地层和石头。远古人类如何在生产力低下的时代生存繁衍？他们从哪里来？现代人是否拥有同一个祖先？这是很多人心中得不到答案的疑问。

在遗传学、体质人类学等研究之外，旧石器考古为解决人类的起源、分布、演化与发展提供了更多材料。包括元谋人遗址、蓝田人遗址、郧县人遗址等大量旧石器时代遗址及其出土文化遗存的发现，实证了中国百万年的人类史。

中国科学院古脊椎动物与古人类研究所特聘研究员高星，是我国当代旧石器考古领域的引领者。自2000年从美国留学归来，他主持和参与了宁夏水洞沟、北京周口店、河北泥河湾等多个重要旧石器遗址的调查、发掘与研究，在国际学术界引起巨大关注。2023年12月8日，高星应邀前往资阳濛溪河遗址指导考古工作（该遗址2024年1月30日入选“2023年中国考古新发现”），其间接受了四川日报全媒体“文化传承发展百人谈”大型人文融媒报道记者专访。他表示，旧石器考古具有重要意义，“因为这是在以地层为纸、以出土遗物为字，书写人类数百万年的演化史”。

◆ 被考古选择开始发现考古的乐趣

2021年9月，在四川稻城皮洛遗址的专家研讨会上，中国旧石器考古专业委员会主任高星激动地总结——“这是具有世界性重大学术意义的考古新发现，将在国内外产生重要学术影响！”几个月后，皮洛遗址成功获评“2021年度全国十大考古新发现”。

皮洛遗址出土的薄刃斧

有意思的是，这位在中国旧石器考古领域乃至整个考古界举足轻重的学者，当年的梦想却是当一名作家。即使考上北京大学考古系，也一门心思想要“叛逃”。“高中时对考古不了解，以为考古就是挖墓，哪里会有兴趣！”忆想当年，高星无奈自嘲。高考填报志愿，他第一志愿选了北京大学中文系，第二志愿是中国人民大学新闻系，但因为选择了“服从调剂”，被安排到了考古系。“考古当年有多冷？”高星笑称，“高中同学写信给我，地址直接写的‘烤骨’系……”

幸运的是，哪怕不喜欢考古，高星专业成绩也一直靠前。慢慢地，他开始发现考古的乐趣，“考古是通过实物资料来发掘研究和重建人类的历史，相当于考古人就是历史的书写者。这就很有意义了。”

大三时，高星开始把旧石器考古当作未来的钻研领域。在他看来，人类起源演化数百万年的时间里没有历史记录，需要通过蛛丝马迹去重新研究构建，有很多创作想象空间，“一定程度满足了我的文学梦。”毕业后他报考了中国科学院古脊椎动物与古人类研究所研究生，此后又考取了美国亚利桑那州立大学人类学的博士。

在国外，高星如饥似渴地学习国际学术界前沿的知识理论及研究方法，从人类起源演化的高度来思考旧石器考古的意义，从研究人的行为方式的角度来解析考古材料，他感觉到一个宏阔的学术研究领域正在渐渐打开。

◆ 解决学术争议实证北京猿人已会用火

2000年，高星选择了回国。归国后的高星接到的第一项工作是主持三峡工程重庆库区旧石器时代遗址的抢救性发掘与研究。在此期间，每年冬天，他都带着考古队前往奉节、丰都、万州等地开展工作，抢救出一大批旧石器时代的文化遗产。其后的新任务中，还包括备受关注的北京周口店遗址发掘研究。

周口店，蜚声海内外的古人类遗址。1929年12月，著名考古学家裴文中正是在这里发现了北京猿人头盖骨化石，让“直立人”这一古人类演化中最重要的阶段得以确立，人类起源与演化研究取得重大突破。此外，裴文中还在遗址中发现了石器和灰烬、烧骨、烧石等疑似用火证据。1931年，主持周口店研究的加拿大人类学家步达生发表论文，认为周口店猿人洞挖出的黑色物质是人类用火的遗迹，也是世界最早的人类控制用火的证据。这个结论国际公认长达半个世纪。

然而1985年开始，美国考古学家刘易斯·宾福德等发表文章质疑这项结论。“他们认为这种用火遗迹可能是野火或者是腐殖质长期高温氧化的结果，和人类行为无关。”2009年，高星带领团队开始对周口店遗址进行新的有限度的清理发掘，希望解决北京猿人是否会用火的学术争议。

数年野外工作，他们找到了新的证据。“其中包括集中用火的部位或石头围挡的火塘，其间夹杂着灰黑色疑似灰烬的物质。用现代科技手段通过对磁化率、红度、燃烧温度的全方位分析，证明火塘部位被长时间高温烧烤过，是古人类有控制用火的实证。”高星说，他们还发现了多件明确被烧过的动物骨骼，与石制品、火塘等出现在同一层面上相距很近的位置，具有清晰的共生关系。他们甚至还发现发掘区东北角的一堆石灰岩变成了石灰，“这需要高温下经过一定时间的煅烧才能完成，非偶尔发生的野火所能为。埋藏学分析还排除了这种石灰粉块是从洞外被水带入的可能性。多项证据表明，北京猿人在距今四五十万年时已会用火，并能把火控制在一定的范围内，保持长时间燃烧。”

2017年，高星团队在《现代人类学》杂志上发表了研究结果。当初，宾福德等学者正是在该刊物上连续发表质疑文章。高星团队刻意在同一刊物上发表研究成果，无疑是证据充分、理直气壮的回应。

在对周口店遗址的研究中，高星还和南京师范大学年代学家沈冠军等一起对遗址进行了新的年代测定。他们与美国杜克大学合作，以最新的铝铍埋藏测年法测出周口店遗址最下部文化层的年代距今可能至少79万年，将北京猿人的年代大大提前。这个成果在《自然》杂志上发表时再次引起轰动。这几年，高星团队还在遗址继续采集样本进行测年，“相信新科技手段的运用，教科书上北京猿人生活的年代很可能还会不断被修正。”

◆ 主持多项重大考古勾勒远古人类迁徙和征服自然的生动图景

高星的大多数时间奔走于全国各地的遗址。

宁夏水洞沟遗址是中国除周口店遗址以外被国际学术界知道得最多的一处旧石器时代遗址。从2002年开始，高星带领团队与宁夏文物考古研究所密切合作，在此开展了持续20余年的考古调查、发掘及研究。大量新材料证明距今4万多年前，有一支拥有石叶技术的人群从西方、北方迁徙至此，带来了不同于东亚地区传统文化的新文化元素，揭示了旧石器时代晚期远古人群的迁徙和交流。

远古人类何时征服世界屋脊青藏高原？这同样是高星感兴趣的课题。2011年起，他带领团队多次前往青藏高原开展系统调查，取得重要进展。

在那曲海拔4600米左右的地方，高星团队与西藏文物保护研究所合作发现、发掘了尼阿底遗址。遗址距今约三四万年，证明远古人类当时已踏足青藏高原。这也是目前海拔最高的旧石器时代遗址，创造了人类挑战与征服高海拔极端环境的新纪录，对于探索早期现代人群挑战极端环境的能力、生存方式和迁徙、适应过程具有重要意义。

2022年，高星在湖北省十堰市郧阳区（原称郧县）学堂梁子遗址一待就是大半年。20世纪八九十年代，这处遗址曾发现过两具距今120万年至80万年的直立人头骨——“郧县人”头骨。只是头骨严重变形，难以准确测量脑量和提取解剖性状，留下很多缺憾。郧县人究竟是不是从元谋人、蓝田人一路演化而来？在2022年最新的考古发掘中，高星担任专家组组长。这次发掘，再次在同一地层发现了郧县人3号头骨，尤其难得的是头骨保存相对完好、地层清楚、埋藏信息完整。这个发现，当之无愧获得了“2022年度全国十大考古新发现”。“我们正在利用CT技术对头骨进行断层扫描及形态复原，准确观测脑量和解剖性状，并通过多种方法力争精确测定郧县人生存的年代，为重建华夏大地百万年人类演化史提供更多材料。”如今，年过六旬的高星依然忙碌。在中国科学院大学上课、举办职业考古培训班、对全国各地的旧石器遗址发掘与研究进行指导……仅仅四川新近发现的资阳濛溪河遗址，他就已经

资阳濛溪河遗址出土的象牙

实地考察了5次。未来，高星还有一个目标——推动河北省泥河湾盆地进入《世界遗产名录》。这是一处170多万年前至1万年前古人类演化的文化序列接近完整的旧石器时代遗址群，在世界上具有极高知名度，对研究东方故乡人类的起源与演化非常重要。“如果泥河湾能够申遗成功，将是我及团队对社会的一项重要公益性贡献。”

资阳濛溪河遗址出土的犀牛下颌骨（四川省文物考古研究院供图）

资阳濛溪河遗址发掘现场（刘坤　摄）

旧石器考古已证明中国百万年的人类史

人类是否拥有同一个祖先?

记　者　我们经常听到一种说法：人类都是从非洲走出来的，我们拥有同一个祖先。如今各种考古新材料和新的科技手段的出现，这个观点还正确吗?

高　星　这其实是两个不同的问题，也就是人类的起源以及现代人的起源问题。大家都知道，人类起源是从猿到人。古猿中有一支分化出来变成直立行走，后来能够制作工具、用火及说话，这个过程叫人类起源。目前的研究表明，这个过程六七百万年前在非洲开始。因为从这个时候到距今约200万年，包括撒海尔人、图根人、地猿、南方古猿、能人，以及从能人演化出的直立人等200万年前的人类演化故事，几乎所有的证据都是在非洲发现的。所以学术界有一个共识——人类起源于非洲。我们都是非洲起源的一个物种，都是人类大家庭的后代。

在距今约200万年，人类开始走出非洲。其中一个支系走到东亚，才有元谋人、蓝田人、郧县人、北京人等。那么，现在生活在地球上的各色人种是不是拥有同一个祖先？这属于现代人的起源问题。也就是具备了现代人的相貌特征、脑量以及行为方式接近现生人群的早期人类，是什么时候开始出现的？这就有不同争论。

1987年，三位遗传学家通过现生人群女性的线粒体DNA往前溯源，认为大约20万年前非洲的一支古人类演化成早期现代人，然后走出非洲向世界各地扩散，他们替代了其他地区所有的古人类，成为现生人群的祖先。这就是非洲单一起源说。与之针锋相对的假说是“多地区进化说”，认为无论是在欧洲、非洲、西亚、东亚，都存在着从本土古人群向现代人继续演化的过程。

这两种观点曾经水火不容，现在情况有了很大改变。因为来自全球的人类学家、考古学家从分子生物学、古DNA的角度研究发现，我们以为早已灭绝的古人类，对现代人的基因仍有贡献。比如生活在欧洲和西亚的尼安德特人，原以为他们早已灭绝，但最新研究认为欧亚大陆的人群还拥有部分尼安德特人的基因。另一个证据是丹尼索瓦人，在科学家2008年破译这支冰河时期生活在西伯利亚的古人群DNA以前，他们是早已灭绝的古人类，但后来发现他们的基因依然存在于东亚人甚至大洋洲岛屿上的一些现代人群中。也就是说现代人并非都是非洲单一起源，世界各地的古人类并非都彻底灭绝，他们中一些群体的基因融入了现代人的血液。

记　者　有基因证据表明北京猿人是我们的祖先吗?

高　星　这是一个非常遗憾的话题。大家都知道，北京猿人头骨化石丢失了，我们没办法知道他们的基因是否还在我们身上。我们希望能够找到新的北京猿人头骨化石，但由于年代太久远，即使找到，DNA也可能保存不下来。从形态特征和文化面貌看，北京猿人与其后生活在华夏大地的古人群是有密切联系的，所以一些学者也坚定地认为北京猿人是我们的祖先。对此还要做深入的研究。

考古实证中国是人类演化的重要中心之一

记　者　考古实证了我国百万年的人类史、一万年的文化史、五千多年的文明史。中国百万年的人类史如何通过考古证明?

高 星 这个工作从20世纪20年代北京周口店遗址、宁夏水洞沟遗址就开始了。新中国成立以后又开始大规模的考古调查发掘研究，大量新的发现进一步夯实了中华大地百万年的人类史。目前的研究表明，中国是非洲之外人类出现最早、文化遗存最丰富、保持最连贯的一个区域。这个区域应该是人类演化尤其是东亚人类起源与演化的重要中心。

证据链就是人类化石和考古遗存，尤其是以石器为代表的考古遗存证据链非常完整。目前，我国已发现的旧石器时代遗址约3000处，涵盖距今210万年至六七千年的各个时段，我们从考古学的角度建立起从距今百万年到数千年的文化序列，构筑了华夏大地史前历史的基础和基干。

陕西省蓝田县上陈村发现的旧石器遗址，距今约212万年，是目前所知非洲以外最老的古人类遗迹点之一；重庆龙骨坡遗址，距今也约200万年。中国百年百大考古发现中也有多处重要的旧石器点位。比如，河北泥河湾遗址最早距今约170万年，蓝田人遗址距今约160万年至115万年。此外包括宁夏水洞沟遗址、郧县人遗址等都是世界级的重大科学发现，而且代表了不同的时间节点。

从现有的考古材料来看，东亚地区古人类的化石有绵长的证据链：元谋人、蓝田人、郧县人、北京人、和县人、华龙洞人、大荔人、金牛山人、许家窑人、马坝人、许昌人、柳江人、田园洞人、山顶洞人、资阳人等，表明东亚远古人类一直在连续演化。从文化来看，证据链更加完整。在旧石器时代，中国北方有使用小石片石器的传统，南方则是大型砾石工具，这两种工具传统一直在强势发展。比如近年我们在成都平原、重庆地区的旧石器时代遗址都发现了大型砾石工具，这种文化甚至延续到几千年前的新石器时代，没有中断过。所以，我们完全可以推测它背后的人群有一个连续演化的过程，说明东亚地区本土人群一直在向前演化，并且是主流人群，我们从化石的体质形态以及石器文化传承可以间接证明这一点。

这些年来，我们还强化了在距今约10万年至5万年期间，东亚大陆有人类生存的证据。因为人类“出自非洲说”有一个假说，认为这一时间段恰逢末次冰期，天寒地冻导致东亚大陆本土人群灭绝了。但从旧石器考古来看，东亚地区不存在这个时间段的缺环。相反有很多材料证明这一时期有人类生存。如果非洲来的人都能够存活，本土人群反而因寒冷灭绝，这也不符合逻辑。

旧石器考古正在书写伟大的人类史

记　者　总体来说，旧石器考古有何意义？

高　星　有人说考古是证经补史。但是人类99%的历史没有文字记录，无经可证、无史可补。旧石器考古就是从地层里去寻找人类遗骸和遗物、遗迹。我们用地层作为纸张，用文化遗物和遗迹作为文字书写历史。没有旧石器时代考古和史前研究，我们就不会了解99%的人类历史。我们正在书写这部人类史，它对人类物种的发展、人类精神的充实作出了重要贡献。就像我刚才提到的宁夏水洞沟遗址，它保留的人类活动最早记录是距今约4万年，正好处在地球的末次冰期。那个地方即使现在也比较荒芜，环境对生物以及人类影响非常大。那么旧石器时代的水洞沟人为何还会在那里出现？他们怎样生产生活？对这个遗址的研究，就涉及人类如何适应环境这种生存能力的课题。

此外，4万多年前也被认为是出自非洲的现代人群扩散的重要时间点。早期现代人除了扩散到欧洲和亚洲，还有一支人群在距今约2万年前穿过白令海峡到了美洲。那他们是从哪里过去的？学术界倾向于是从东北亚这里。水洞沟恰好在这个时间、这个地点发现了石叶这种外来文化，那是不是正好有一支人群迁徙到了这里？这些都是非常有意义的话题。

记　者　考古证实了中国五千多年文明史，提升了民族自信。旧石器考古在凝聚文化自信以及文化传承发展方面有无推动作用？

高　星　显然有。实际上文化自信不仅仅是对我们所在的区域以及国家所产生的自信，旧石器考古传递的自信可以上升到对人类这个物种的自信上来。在地球上的所有生物中，人类的体质特征并不占优势，我们没有翅膀不能飞翔，也没有猎豹的速度、没有豺狼虎豹的利齿，在很长的时间里我们的祖先可能是被猎杀者。但就是这样一个看似弱小的物种，最后却变成了地球的统治者，升到了食物链的顶端，靠的就是以顽强的生命力、聪明的才智和集体的力量去适应环境。我们可以为人类这个物种的成功而自豪。

同时我们也可以看到，人类在很早的时期就不停地迁徙移动，不同地区的人类会产生融合交流。因此，所谓的纷争以及战争屠杀的发起者是否应该有所反思——人类同根同源，怎样才能让人类这个物种很好地生存下去？此外，旧石器时代的人类面临的一大挑战就是要不断适应环境才能生存下来。如今地球环境因人类活动而不断改变，人类怎样尽可能与大自然和谐相处，不过度开发资源以免造成生态灾难，这些都是人类要共同面对的课题。

当然，旧石器考古对提升区域及民族文化自信也有贡献。西方学者曾认为东亚地区的远古人类使用的石器没有西方的先进，以此得出一些东方古人群原始、愚笨，文化处于一潭死水状态的结论。实际上，东亚石器技术相对简单、古朴，一个重要原因是该地区制作石器的原料主要是石英类材料和含有杂质的小块燧石，而非在欧洲、西亚随处可见的大块优质燧石，原料存在先天性不足。换个角度来讲，东方的古人类面对劣质的石料资源，其主流文化却一直传了下来，那恰好说明需要更多的聪明才智和社会组织协调能力才能克服困难，证明这里的人群更加聪明，而中华民族恰好有聪明、坚韧、灵活、包容性强等特质。研究还认为，东亚地区的打制石器相对简陋，有一种可能它们只是加工竹木器的工具，真正的聪明才智体现在竹木器上。近年来，从云南甘棠箐遗址和资阳濛溪河遗址都发掘出木器残件，为“竹木器假说”提供了一定的证据。我们期待更多的考古材料被发现和研究，揭开远古人类如何克服困难、利用资源，最终生存繁衍的历史画卷。

（吴晓铃）

22

提要

- 将音乐中的外来文化与中国文化结合，会形成新的艺术形式，这与中华文明的历史传承规律一脉相承

- 民族歌剧创作应该立足于中国音乐的民族性、中华民族精神的传承性、革命精神的延续性

- 音乐是民族文化的一个重要组成部分，它体现了一个民族稳定的、共同的文化和心理因素

- 民族声乐不能丢掉“本”和“源”，应继续在此基础上借鉴、吸收、整合、创新，与其他唱法取长补短、共同发展

- 无论歌剧也好，音乐剧也罢，这些外来文化跟中华文化融合后，一定会产生一批有中国特色、中国风格、中国气派的作品

廖昌永

上海音乐学院院长
著名歌剧表演艺术家

人物简介

廖昌永，出生于四川成都。男中音歌唱家、著名歌剧表演艺术家、声乐教育家，上海音乐学院院长。曾主演《塞维利亚理发师》《弄臣》《唐·卡洛》《卡门》《浮士德》《茶花女》《茶》等几十部歌剧，在数百场音乐会上担任主唱，享有“全球华人第一男中音”的美誉。曾获得第41届图卢兹国际声乐比赛、多明戈世界歌剧声乐大赛、挪威宋雅王后国际声乐大赛三项国际大赛第一名，荣获全国五一劳动奖章、“全国德艺双馨艺术家”等称号。牵头主编《玫瑰三愿：中国艺术歌曲16首》、“中国艺术歌曲百年大系”等。

用音乐和世界对话，传递“中国好声音”

岁末年初，廖昌永的行程又密集起来。2024年1月10日，结束与柴可夫斯基国际音乐大赛获奖者协会董事会主席安德烈·谢尔巴克的会见后，他又于1月14日晚亮相国家大剧院音乐厅。当晚，中国交响乐团2024音乐季追寻着“巨人的脚步”在这里启幕。廖昌永和著名指挥家水蓝一同登台，用音乐开启浪漫夜……

从赤脚跑进音乐殿堂，到让世界听见“中国好声音”，这位出生于郫县（今成都市郫都区）的男中音歌唱家不仅享誉世界，还融通中外。在梳理、保护、传承的基础上，他一边探索用西方技法来创作中国歌剧，一边深耕传统，通过主编《玫瑰三愿：中国艺术歌曲16首》等让中国艺术歌曲走向国际。2024年1月下旬，廖昌永在接受四川日报全媒体“文化传承发展百人谈”大型人文融媒报道记者专访时表示，将音乐中的外来文化与中国文化结合，会形成新的艺术形式，这与中华文明的历史传承规律一脉相承。如今，廖昌永通过融合中国美学、中国故事、中国旋律，希望创作出一批反映时代气象，体现中国气派的音乐作品。

◆ 逆袭之旅

从农家娃到世界级歌唱家

1988年开学季，上海大雨滂沱。为了让母亲做的布鞋不被打湿，一位来自四川的农家娃赤脚跑进了上海音乐学院，命运的齿轮由此转动。谁也没想到，8年后，这个进校时不懂五线谱、不会弹钢琴且只学过一个月乐理的学生，竟横扫乐坛，连获三项世界著名声乐大赛第一名，在世界舞台唱出“中国好声音”。他，就是廖昌永。从乡村走到世界舞台，廖昌永并非一帆风顺。他记得，报考上海音乐学院时，成都有100多名考生，结果只有他一人被录取。怀揣着100元钱，他闯进了梦想世界。不过这份喜悦还没持续多久，就被入学后的一场考试给打击得烟消云散。那次考试，廖昌永是倒数第一名，这样的成绩也让他一度没有带教老师。后来，罗魏从意大利留学回到上海音乐学院任教，廖昌永才被分配给了这位当时学院最年轻的老师。

资历尚浅的罗魏和彼时成绩最差的廖昌永，开启了一段逆袭之旅。视唱、练耳、学五线谱……在罗魏的鼓励下，廖昌永开始疯狂补课。老师第一天给的曲子，他第二天就会背了；不会意大利语，就一个字一个字地抠；没有钱买乐谱，就自己手抄……仅1年时间，廖昌永从倒数第一走到了名列前茅。

1996年至1997年，廖昌永迎来人生的高光时刻。那一年里，他连续三次代表中国参加世界顶级声乐大赛，获得了第41届图卢兹国际声乐比赛、多明戈世界歌剧声乐大赛、挪威宋雅王后国际声乐大赛三项国际大赛第一名，蜚声国际。其中，多明戈世界歌剧声乐大赛始于1993年，由世界三大男高音之一的普拉西多·多明戈创立，系歌剧界的重量级大赛，不少荣膺此奖项的选手迅速成为世界歌剧舞台上的明星。1997年，廖昌永参加这项比赛时，遭到不少人反对。要知道，那时还没有亚洲人在这项赛事中获奖。

还是孩子时，廖昌永第一次听到多明戈演唱的《我的太阳》，就爱上了这个声音。怀着“看看偶像多明戈”的朴素梦想，他踏上参赛行程，并以歌剧《唐·卡洛》里的咏叹调《我的末日即将来临》摘得冠军，实现亚洲人在该项比赛零的突破。廖昌永的表现更是让多明戈激动不已，赞誉其是“我所见过的最优秀的男中音”，并当即邀请他参与自己在东京举办的新年音乐会。

2000年底，准备在华盛顿肯尼迪艺术中心上演威尔第的《游吟诗人》的多明戈，力排众议，邀请廖昌永出演卢纳伯爵一角。为了演绎好这一角色，廖昌永几乎找来了《游吟诗人》的所有版本，在美妙、丰富、热情的音乐里，深入人物内心，去感受情绪的流动。充满朝气和锐气的他不墨守成规，用年轻抒情的风格演绎着威尔第的浪漫主义，一改人们对卢纳伯爵的理解。

这次在美国的演出，也在歌剧界刮起了一股新风。

◆ 玫瑰三愿

“中国好声音”出海

“高高山上（哟）一树（喔）槐（哟喂），手把栏杆（噻）望郎来（哟喂）……”在国内外演出中，廖昌永喜欢唱四川经典民歌《槐花几时开》。这些带着方言味的歌曲烂漫自然，受到不少国外观众的喜欢。在挪威巡回演出时，就有不少观众追着他跑，“后来才知道，这些观众很喜欢我唱的中国民歌。”在密集参加国际大赛的日子里，廖昌永发现，不少歌剧比赛、艺术歌曲比赛通常需要演唱英法等国的声乐作品，但亚洲的作品特别是中国的声乐作品却鲜有出现。这引发了他的思考：如何通过自己的力量，让中国音乐抵达更多的世界听众？

2019年6月，廖昌永赴德国演出。德国大熊音乐出版社社长尼克·普费弗科恩聆听了廖昌永的中国古典诗词艺术歌曲音乐会后，颇受感动。随后，双方商定启动《玫瑰三愿：中国艺术歌曲16首》国际出版计划。廖昌永坚信，要让世界聆听“中国好声音”，学唱中国歌曲，就不能敷衍潦草地图解文字表面的含义，要深究其理，要钻研格律、韵脚、咬字、吐音，这样才能打动观众，才有艺术说服力。

这项合作启动不久，新冠疫情来袭。廖昌永却没有停歇，他率课题组开展曲目选撷、歌词翻译、注音朗读等各环节工作，集合上海音乐学院作曲、声乐表演、艺术辅导、音乐学等多学科专业联合作业。其中，上海音乐学院声乐歌剧系教授周正为全部歌词作国际音标注音，廖昌永与播音员徐梓嘉录制了全部歌词的汉语朗诵，为非中文母语的歌唱者提供最佳的发音帮助；德国卡尔斯鲁厄国立音乐学院院长、艺术歌曲专家哈特穆特·赫尔为钢琴伴奏乐谱的校对和修改提供了意见。“这是首本在欧洲使用的中国艺术歌曲教材。”廖昌永说，过去300年来，德国大熊音乐出版社出版过1000多位作曲家的8000多部作品。《玫瑰三愿：中国艺术歌曲16首》是中国艺术歌曲第一次在国际上出版发行。

◆ 共话巴蜀

用音乐为故乡写情歌

从四川走出的廖昌永，也心系家乡，中国传统民歌节暨第三十四届望丛赛歌会、成都第31届世界大学生夏季运动会等都有他的身影。2019年，濮存昕、李亭、廖昌永、吉狄马加等24位中外艺术家和文化学者，在四川凉山共同发起大凉山戏剧节，回归戏剧初心，凝望生命本真。

2023年10月11日晚，廖昌永任艺术总监、总导演的原创民族歌剧《康定情歌》亮相第29届“蓉城之秋”成都国际音乐季，在成都城市音乐厅成功演出，为四川人民献上了一台具有四川文化精神的大型原创剧目。

廖昌永介绍，歌剧《康定情歌》由上海音乐学院和甘孜藏族自治州人民政府联合出品，历时近3年创作完成。从2020年启动以来，在全国多地巡演，入选国家艺术基金2022年度大型舞台剧和作品创作资助项目、文化和旅游部2022—2023年度“中国民族歌剧传承发展工程”重点扶持剧目。

歌剧《康定情歌》讲述了20世纪50年代，川藏、青藏公路修建中的感人故事，用“两路”精神解答青年在新时代的新课题。“创作之初我们就在思考一个问题，我们到底要讲什么？要表现怎样的精神？”廖昌永表示，“一代人有一代人的长征，一代人有一代人的使命，新征程是充满光荣和梦想的远征，我们的青年应该继承‘两路’精神，走好中国式现代化的道路，这就是我们的使命。”

歌剧《康定情歌》中，鲜明的地域元素撩动人心。可旋转的雪山造型屹立于舞台，在著名指挥家张国勇的执棒下，上海音乐学院的师生高唱出对祖国和民族的深情眷恋，对真善美的执着追寻，对爱情忠贞不渝的坚守。动听的旋律、精致的配器和充满藏族特色的舞美，鲜明地彰显了中国气派。

在廖昌永看来，歌剧《康定情歌》既是上海音乐学院“教创演研一体化”人才培养模式的生动案例，也是学校“文化润边”、坚持少数民族音乐人才培养的诚意之作。

廖昌永（右）接受四川日报全媒体记者采访

坚守“本”“源”，用多彩音乐展现文明气象

交融创新

中国音乐文化弦歌不辍

记　者　习近平总书记在文化传承发展座谈会上发表重要讲话，从连续性、创新性、统一性、包容性、和平性五个方面深刻论述了中华文明的突出特性。作为一名歌唱家，您是如何理解的？

廖昌永　参天之木，必有其根；怀山之水，必有其源。中华优秀传统文化是中华文明的智慧结晶和精华所在，要深刻把握中华文明的五个突出特性，深刻认识中华优秀传统文化、中华文明与中国特色社会主义之间的内在联系，在中华民族现代文明建设中把弘扬中华优秀传统文化、传承革命文化、发展社会主义先进文化紧密结合起来，不断创造属于我们这个时代的新文化。

落脚到中国音乐上，这种连续性、创新性也贯穿始终。回溯中国音乐史，从钟鼓琴箫作为华夏庙堂正声，到由胡琴、琵琶、唢呐这些外来乐器的发展，中国音乐从来没有停止与各种外来文化的交流融合，继承创新、融合互鉴之下，中国音乐文化弦歌不辍，呈现出丰富多元面貌。

近代以来，一批优秀的音乐家通过改良乐器构造、吸收演奏技巧、推动新作品创作等方式，为中国音乐的发展注入新活力。文化要想向前发展，一定要在继承传统的基础上发展创新，创作反映当今时代的作品。令人欣喜的是，越来越多的人开始回溯传统，保护与传承那些随着时代、社会变迁而日渐衰微甚至濒临消失的民间音乐。比如四川就有学者历时13年，抢救、整理四川181个县（市、区）3080首原生态民歌，主编并出版民歌总集《四川民歌采风录》。

要处理好传统和创新的关系，毕竟“笔墨当随时代”，我们应该用音乐去记录当代人的思想，当代人的生活状态、时代精神。同时坚持以人民为中心的创作导向，观照人民生活，表达人民心声，用心用情用功抒写人民、描绘人民、歌唱人民，才能推动文艺事业沿着正确方向不断前进。

记　者　习近平总书记强调，文化兴国运兴，文化强民族强。没有高度的文化自信，没有文化的繁荣兴盛，就没有中华民族伟大复兴。作为文艺工作者，如何运用音乐作品激发公众的文化自信？

廖昌永　学习贯彻习近平文化思想，就要深刻领悟其中蕴含的坚定的文化自信、高度的文化自觉，牢记文化使命，把握时代主题，赓续历史文脉，从中华文化宝库中萃取精华，用多彩的艺术推动中华优秀传统文化创造性转化、创新性发展，展现中华历史之美、山河之美、文明之美，把文化自信融入全民族的精神气质与文化品格中。

以我们的民族歌剧《康定情歌》为例，《康定情歌》本来是一首民族歌曲，我们怎么样把它做成一个剧，其实这是一个非常大的挑战。相当于把一首律诗、绝句扩展成一个气势恢宏的长篇巨著。这既给我们提供了一个广阔的创作空间，也给我们提出了非常高的要求。需要明确的是，民族歌剧创作应该立足于中国音乐的民族性、中华民族精神的传承性、革命精神的延续性。这意味着改编不能流于形式，应立足现实，扎根生活。从精神内核来看，《康定情歌》旨在展现民族团结，表达对美好生活的向往，以及歌颂美好的爱情。所以我们选择了在中国共产党成立100周年重大时间节点来创作这样一部反映新中国成立初期社会主义建设的一个历史片段。这里面，包含了爱情、兄弟情、民族情，也包含了一种家国情怀。

我们常说音乐是民族文化的一个重要组成部分，它体现了一个民族稳定的、共同的文化和心理因素。人们可以在这部剧中，看见雪山、体味锅庄，于细微处感受丰富的民族文化。在这样的音乐浸润中，每一个人都将被自己民族的历史文化所感染，油然而生自己的民族自豪感和文化认同感。

坚守本源
使之成为滋养音乐创作沃土

记　者　作为一名歌唱家，在几十年的歌唱生涯里，您是以怎样的方式推动中华优秀传统文化创造性转化和创新性发展？

廖昌永　在国外参加国际声乐比赛，我发现必唱曲目里很少有中国歌曲，这件事对我触动很大。中国文化源远流长，中华文明博大精深，在这里产生了大量的经典音乐作品，却仅在“墙内开花”。如何破题？一方面，许多作品散落各地，有待我们进行系统的收集整理；另一方面，我们需要探索与世界接轨的路径，让“中国好声音”唱响世界。在2020年中国艺术歌曲诞生一百周年时，我们通过做中国艺术歌曲的挖掘、整理和推广工作，出版了《中国艺术歌曲百年曲集》（三卷九册），既可以作为大学教材，又可以用于中小学音乐教育。此外，每一卷曲集都有中音、高音、低音三个调，方便国际传播。

我也通过举办“中国艺术歌曲百年”独唱音乐会，向人们展现了中国20世纪20至30年代的艺术歌曲以及中国当代艺术歌曲，不过这些依然不够。我还尝试通过“中国古典诗词与书画——廖昌永中国艺术歌曲独唱音乐会”，以跨界方式，选取优秀的古典诗词艺术歌曲，将乐、诗、书和画等艺术形式融合起来，从一个广义的文化视野看向中国艺术歌曲，拓展中国艺术歌曲的表现形式，也让人看见声音背后中国文化浸润的人文色彩。2019年，在瑞士日内瓦，我携手汪家芳、丁筱芳两位书画大家，根据选取的16首艺术歌曲的意境，共创作书法作品16幅、绘画作品16幅、瓷器作品两件，诗、画、乐之间展开精妙对话，让东方美学扑面而来。历经百年发展，中国艺术歌曲已经成为德语、法语、英语、俄语等艺术歌曲之后，又一重要语种的歌曲。中国现代声乐融合了美声唱法等其他文化的歌唱经验，但这种融合始终以民族声乐传统为基础。民族声乐不能丢掉“本”和“源”，应继续在此基础上借鉴、吸收、整合、创新，与其他唱法取长补短、共同发展。作为音乐教育工作者，我们也不能把学生教成“洋嗓子”，而应保留浓厚的民族韵味。

在民族歌剧上，近年来新作层出不穷。如《康定情歌》《沂蒙山》《苏武》等。中国有那么多值得挖掘的素材和值得赞颂的英雄，很适合用歌剧来表现。原创歌剧《汤显祖》将昆曲与歌剧结合，在国家大剧院、悉尼歌剧院、欧洲青年歌剧节等世界级舞台巡演，由此改编而成的音乐剧版《梦临汤显祖》受邀参加爱丁堡国际艺术节。无论歌剧也好，音乐剧也罢，这些外来文化跟中华文化融合后，一定会产生一批有中国特色、中国风格、中国气派的作品。总体来说，音乐艺术不仅要描摹中华大地上发生的壮阔历史，更要扎根于中华优秀传统文化。对传统文化元素的发掘与提炼，应成为艺术家的一种自觉追求。对于建设中华民族现代文明的时代课题而言，歌唱新时代的山乡巨变，攀登时代艺术高峰，都需要发掘和阐释中华优秀传统文化，使之成为滋养音乐创作的沃土。

走出去引进来
共谱美美与共音乐图景

记　者　文化能够连接心灵，艺术可以沟通世界。我们如何推动中国音乐走向世界？

廖昌永　音乐作为一种国际语言，是人类精神的承载和体现。文明交融随着音乐展开，留下许多动人篇章。1927年，上海音乐学院的前身上海国立音乐院成立。彼时上海国立音乐院的《学则》提及“养成音乐专门人才，一方输入世界音乐，一方从事整理国乐，期趋向于大同，而培植国民美与和的神志及其艺术”，展现出建院先贤们的家国理想和博大情怀。文明互鉴、和谐共融、美美与共，这也成为学校办学以来一直遵循的宗旨。上海音乐学院致力于通过国际合作推进文明互鉴，传承传播中华优秀传统文化。我们不但要“走出去”和世界接轨，也要“请进来”，通过自主举办重要国际音乐比赛，创新机制培养音乐拔尖创新人才。如今，通过持续拓宽高水平国际交流与合作平台，我们深化与意大利罗西尼歌剧节、芬兰萨翁林纳歌剧节、中国-阿拉伯国家动漫产业论坛等机制性艺术人文合作，为建设教育强国、文化强国贡献新生力量。同时，积极推进国际教育、国际交流双轨并行，深化交流互鉴，开展“高校研究生”中国政府奖学金项目、“丝绸之路”中国政府奖学金项目等，助力“留学中国”品牌建设，让世界更深刻地认识可信、可爱、可敬的中国。随着传播的多元化，越来越多的外国朋友对中国文化产生浓厚兴趣。中国国际声乐比赛和中国艺术歌曲国际声乐比赛，都要求参赛选手至少演唱一首中国艺术歌曲。艺术歌曲对歌词文学性要求极高，参赛者需要做大量功课，才能唱出歌里的韵味和艺术性。通过这个环节的设置，我们为外国友人了解中国文化推开了一扇窗，让外国友人用中文唱中国歌、唱中国歌剧。

记　者　2027年上海音乐学院将迎来建院百年。下一步将着力做好哪些工作，推动中国音乐更好地发展？

廖昌永　我们一直在思考，用什么来总结建院百年来的教学史、创作史、人才培养史、研究史等。如今，我们已经发起百年系列，有序推进“中国弦乐百年”“中国小提琴百年”“中国交响乐百年”“中国钢琴百年”“中国艺术歌曲百年”等系列丛书的编撰。我们希望在建院百年的时候能够总结好中国艺术歌曲这一百年的变迁。未来，我们也将一如既往地坚定文化自信、坚持守正创新，厚植爱国情怀、永葆艺术热忱，推动文化繁荣；传承发展中华优秀传统文化，促进外来文化本土化，共同努力创造属于我们这个时代的新文化。

记　者　作为从四川走出去的歌唱家，您一直很关注家乡。除了共同发起大凉山戏剧节，还积极参与在成都举行的中国音乐金钟奖。您如何看待中国音乐金钟奖在成都举办？

廖昌永　中国音乐金钟奖是全国唯一常设的音乐综合性大奖，也是目前中国音乐界唯一的国家级专业大奖，旨在表彰和奖掖优秀青年音乐人才。瞄准“国际音乐之都”建设，四川省委省政府、成都市委市政府将中国音乐金钟奖引入四川成都，这对于四川音乐文化建设、人才培养将产生积极影响，对于成都建设“国际音乐之都”也起到了积极作用。“金钟奖”已连续三届落地成都，向世界展示成都这座城市的音乐魅力。近年来，成都因为各类文化活动火出圈。世界大学生夏季运动会、世界科幻大会等一系列国际文体活动，让越来越多的人看到成都的万千气象。同时，“蓉城之秋”再度携手中国音乐金钟奖，以专业影响世界，用音乐和世界对话，传递出成都好声音。作为四川人，我为家乡的变化，为家乡的每一个进步感到自豪。

（边　钰　李　婷）

23

提 要

- 历史并非纯粹是过去的事情，而是与今天的事、今天的人有着千丝万缕的关系

- 博物馆的意义和角色，不应只限于展示藏品、传播知识，还应帮助观众了解历史文化，探索历史与自己的关系，促成观众与历史之间对话

- 观众可善用博物馆这个宝库，从藏品了解过去、观照现在和瞻望未来

- 博物馆的功能已经不单是保护文物，更重要的是拉近社会大众与文物的距离

- 博物馆另一个理念便是要促进文明对话、文明互鉴

- 香港故宫文化博物馆的一个重要使命就是推动博物馆教育，培育未来文化艺术以及博物馆专业人才

吴志华

香港故宫文化博物馆馆长

人物简介

吴志华，香港故宫文化博物馆馆长。毕业于香港中文大学，获历史学学士、哲学硕士和哲学博士学位。1988年加入香港公共博物馆工作，后在多家博物馆任职，曾出任香港特别行政区政府康乐及文化事务署副署长，系资深博物馆专家、历史学家与艺术行政人员。

对中国历史与文化要怀抱温情与敬意

2023年9月27日，出土于四川三星堆、金沙和宝墩等遗址的120件珍贵文物正式亮相香港故宫文化博物馆。这场以“凝视三星堆——四川考古新发现”为名的特展，瞬间点燃了香港市民的好奇心，使得香港故宫文化博物馆的观众数量迎来新高。

对于“凝视三星堆——四川考古新发现”特展，香港故宫文化博物馆馆长吴志华有着自己的期待：“香港故宫文化博物馆就是一个窗口，希望世界透过窗口凝视三星堆，透过三星堆凝视中华文明。我们希望能够吸引包括香港市民在内的各路观众参观展览，让他们深入了解古蜀文明的发展，以及与中华文明起源的关系。”

吴志华在香港故宫文化博物馆接受四川日报全媒体“文化传承发展百人谈”大型人文融媒报道记者专访时表示，“凝视三星堆——四川考古新发现”只是一个开端，它揭开了香港故宫文化博物馆“中华文明的起源与发展系列展览”的序幕，更多展示“中华文明多元一体格局”的文博特展将在今后一段时间陆续登场，持续面向香港、面向粤港澳大湾区、面向世界讲述中华文明起源与发展的故事。

◆ 历史系学生

对历史学进行系统学习与研究

2022年7月3日，香港故宫文化博物馆正式向公众开放。其所在的位置，是香港近年来大受欢迎的西九文化区。除了香港故宫文化博物馆，区内还有戏曲中心、艺术公园、自由空间、M+等文化设施相继落成，为公众提供多元化的艺术享受。而对于吴志华而言，他对香港西九龙还有着更深的情感。吴志华从小在西九龙长大。在他眼中，20世纪60年代的西九龙并不富裕，那时的他，未曾想过自己能有机会读大学，更没有想过会在50多岁时，重新回到西九龙，成为香港故宫文化博物馆首任馆长。

香港故宫文化博物馆

给吴志华命运带来改变的，是历史、是他对历史所产生的浓厚兴趣。“我从小就喜欢历史，历史人物的奋斗故事能给我一些鼓励。”吴志华说，历史让人知道自己从哪里来、现在在哪里、未来又可以选择哪些路。凭着满腔热忱与刻苦努力，他在1981年考入香港中文大学历史系，开始对历史学进行系统学习与研究。

吴志华本科时在香港中文大学新亚书院就读。新亚书院由著名新儒家代表钱穆、唐君毅、张丕介等于1949年创办。作为新亚书院首任院长，钱穆先生所提倡的“对其本国以往历史之温情与敬意”的历史观，深深影响到包括吴志华在内的几代学子。

吴志华的研究专业是中国近代史。钱穆先生曾说“历史研究要客观，但不能没有感情”，他说这话的时候，恰是中国国运处于历史低点时刻，当时有些国人对国家前途没有信心，把积贫积弱归咎于文化传统，说要抛弃传统来学习西方。钱穆先生非常不同意这种说法，认为要继承中华优秀传统文化，所以在《国史大纲》一开篇就写道：“所谓对其本国以往历史略有所知者，尤必附随一种对其本国以往历史之温情与敬意。”吴志华认为，这在当时是非常了不起的见解，提倡对中华文明的自觉与认同，呼吁培育中国文化的种子。

以钱穆的学术思想为引领，吴志华相继取得历史学学士、哲学硕士和哲学博士学位。从1988年起投身公共博物馆工作，此后还曾任香港特别行政区政府康乐及文化事务署（以下简称“康文署”）副署长。

◆ 康文署副署长

促成观众与历史之间对话

吴志华为什么选择博物馆？或许从他1981年的一次参观经历中可以获得答案。当年，正在香港中文大学历史系读大一的吴志华，坐了两晚的绿皮火车北上北京。踏足故宫时，历朝历代的珍贵文物让他大为震撼，他感到“中国五千年的历史就在你眼前”。

吴志华表示，在他读书和参加工作的20世纪80年代，香港正经历着一轮经济的腾飞。彼时的“东方之珠”，年轻人热衷的职业可以被归纳为三个“师”——律师、医师与工程师，这是当时人们眼中最能赚钱的工作。不过对于吴志华和他的同学们，在人生规划上，却有着与当时社会风气不同的考量。进入新亚书院的第一天，吴志华就和同学们唱起钱穆先生作词的校歌：“艰险我奋进，困乏我多情。”这种耳濡目染的文化浸润，让他们感受到自身对于中国文化应当有所承担，感受到知识分子要“尊德性而道问学”。“我们那时会谈及理想，对社会、国家及个人价值的情感，即使课余时食糖水以及聊天，话题也离不开谈论人生及家国大事，讨论如何才能更好地为社会作贡献。”

走出书斋，20世纪80年代的香港社会现实也在引导着吴志华的职业选择。吴志华认为，前辈学长们的爱国情怀对他们这代人影响很大，也使他们逐渐意识到要“关心社会、认识祖国”。而博物馆，作为一个展示历史与文化的场所，正是面向大众“认识祖国”的入口。

吴志华曾任职多所博物馆，包括担任于2000年启用的香港海防博物馆的首任馆长，2002年晋升至香港古物古迹办事处执行秘书。在加入香港故宫文化博物馆前，曾出任香港特别行政区政府康乐及文化事务署副署长，负责管理该署的文化机构，包括博物馆、表演场地、香港视觉艺术中心与公共图书馆。在担任康文署副署长期间，吴志华曾说过，历史并非纯粹是过去的事情，而是与今天的事、今天的人有着千丝万缕的关系。因此，博物馆的意义和角色，不应只限于展示藏品、传播知识，还应帮助观众了解历史文化，探索历史与自己的关系，促成观众与历史之间对话。观众可善用博物馆这个宝库，从藏品了解过去、观照现在和瞻望未来。

◆ 博物馆馆长

在故宫里找寻文化根脉

投身博物馆工作30余年，吴志华也经历了香港博物馆整体从“冷”到“热”的发展历程。“在30多年前，我记得那时博物馆一年有10多万人次参观，我们便觉得很高兴了。经过30多年发展，整个香港博物馆事业越做越好，香港故宫文化博物馆从2022年7月开馆至今（截至2024年1月），入场人数已经突破200万人次。”

吴志华认为，香港的“博物馆热”跟香港回归祖国有关系，“我们能够找到我们的根源、我们的发展，我们能够把香港的历史跟祖国的历史连接在一起。”香港故宫文化博物馆正是在这样的背景下应运而生。

“建设香港故宫文化博物馆，原因之一是香港观众对故宫文物有很高的热情和期待。从2007年开始，基本上每年都会有故宫博物院的文物到香港来展出，每一次都会吸引大量香港市民去参观。”吴志华表示，为了利用好香港这一中外文化交流的平台，长期地、永久地展示故宫文化，西九文化区管理局和故宫博物院在2016年共同决定在香港西九文化区建设香港故宫文化博物馆。彼时，吴志华担任康文署副署长，按照原先的想法，自己将在此岗位上退休。然而，香港故宫文化博物馆的建设改变了吴志华的职业规划。

“因为我长期在康文署工作，知道文化发展工作对香港未来发展的重要性。这个时候香港故宫文化博物馆也需要一名馆长去引导各项工作的开展，我觉得这对我来说，是一个机会，也是一项使命。”吴志华说，基于这样的想法，也基于家人和同事对自己的支持，他最终决定去应聘这座新博物馆的馆长。“我也希望把过去的工作知识、经验奉献给这座新的博物馆。”

2018年8月，吴志华被委任为香港故宫文化博物馆暂任馆长；2019年5月，被正式委任为馆长。吴志华面对一座全新的博物馆，意味着自己所有的工作都要从零开始——从零开始组建团队，从零开始建设博物馆，从零开始布置展览，从零开始为博物馆进行工作规划……“博物馆不只是文物的保护者，在文化普及工作、推动社会可持续发展方面还要做得更多。”这是吴志华担任香港故宫文化博物馆馆长以来一直坚持的管理理念。如今，600多件来自故宫博物院的文物，经过分门别类，被放在“紫禁万象——建筑、典藏与文化传承”和“紫禁一日——清代宫廷生活”等专题中进行展示。一件件珍贵的文物，向香港也向世界讲述着中国历史、中国工艺、中国审美、中国价值。

而从长远的角度看，吴志华希望香港故宫文化博物馆不仅是中华文化的一个“宣传者”，更是一个“联系人”，“通过博物馆，把中华优秀传统文化跟广大观众连接起来，让香港故宫文化博物馆成为联通内地与世界的重要平台。”

香港故宫文化博物馆开发的文创产品（香港故宫文化博物馆供图）

香港故宫文化博物馆让香港的城市气质更加多元化

香港与故宫之间渊源深厚

记　者　香港故宫文化博物馆是一座全新的博物馆，您能向我们介绍一下建设这座博物馆的背景吗？

吴志华　谈到香港的文化发展，过去有个说法指香港是一个“文化沙漠”，可是自回归祖国以来，在国家支持之下，香港致力于发展成为中外文化艺术交流中心，通过“背靠祖国，联通世界”的优势，香港的博物馆与内地文化机构合作，在港展出珍贵的文物及艺术品，向中外旅客展现中华优秀传统文化。香港过去经常举办关于故宫主题的展览，并在香港引起很大的轰动。正是在这样的前提和基础上，我们跟故宫博物院都觉得香港和海外观众对故宫相关展览的兴趣及需求日益增长，如果能长期在香港展出故宫文物，不但可以增加香港市民的文化自信、历史自觉，香港创新的策展手法亦有助中华文化的传承和传播。

所以在2015年底，故宫博物院和香港特别行政区政府进行接洽，双方都希望通过长期、固定的合作平台展示中华文化、故宫文化。在中央政府的支持下，香港故宫文化博物馆项目于2017年正式启动。

记　者　其实香港与故宫博物院的联系远不止过去的每年一场的展览。您能进一步介绍一下香港和故宫博物院的渊源吗？

吴志华 香港民众是很爱国的，亦心系中国文化艺术，值得一提的是，20世纪香港与故宫博物院之间的动人故事。在清末民国初期，很多故宫文物都流散海外，直到20世纪50年代初，有好些文物在香港出现，其中更有国宝级文物，包括乾隆皇帝三希堂所收藏的书画。但那时它们即将被拍卖，周恩来总理马上指示国家文物局抢救这批文物，并成立香港秘密收购文物小组，成功营救这批重要的文物，后入藏故宫博物院。现在我们在故宫博物院看到的一些国宝级书画，就是通过香港回到祖国怀抱的。到2007年，时值香港回归祖国十周年之际，香港艺术馆跟故宫博物院合作了一个重要的书画展览“国之重宝——故宫博物院藏晋唐宋元书画展”，这批国宝级的文物时隔数十年，又重回香港展出。

除了这个故事外，其实香港仍有许多文物收藏家在20世纪五六十年代，主动无偿捐赠文物予故宫博物院，帮助国宝回流。因此，可以说香港与故宫之间渊源深厚，所以我觉得在香港成立故宫文化博物馆，不是偶然，而是有历史渊源在里面。

香港故宫文化博物馆成为香港文化新地标

记　者 香港故宫文化博物馆是如何定位的？

吴志华 我们希望以当代及全球视野去讲中国文化历史的故事。香港是一个国际化的城市，我们在策划展览的时候会通过不同的方法促进中华文化与全球观众的交流。如在展览中加入多媒体装置，糅合艺术与数码技术，通过投影装置、互动和数码展品、音频体验和视频装置，向观众提供多元、立体的文物解说。另外，我们还积极与内地及海外文化机构合作，举办艺术和历史价值并重的高质素大型展览以及学术研讨会，体现博物馆促进不同文明之间对话的使命。

香港一直以来都是旅游之都、盛事之都、美食之都和好客之都。近年来，来港的内地游客更多倾向在香港进行文化深度游，而香港故宫文化博物馆乃至整个西九文化区的助力，可以让香港的城市气质更加多元化，让香港成为优势独特的国际文化中心。

香港故宫文化博物馆代表的不仅是香港的文化新地标，亦是整个大湾区文化设施的一部分。博物馆邻近香港高铁站，大湾区观众不用长途跋涉到北京、台北便可欣赏到故宫文物。现在我们有逾600件故宫文物按照不同的主题展出。例如，其中一个专题展览“紫禁一日——清代宫廷生活”以时间为脉络、不同空间为场景，让观众了解紫禁城内从清晨到夜晚的生活点滴，从中加深对中华传统文化和生活的了解。

截至2024年1月，香港故宫文化博物馆开馆一年多，已经接待观众超过200万人次，有些观众更不止到访一次。我认为这个数字反映出故宫及中华优秀传统文化广受中外观众的喜欢与支持。

让观众了解中华文明历史

记　者　2023年9月，“凝视三星堆——四川考古新发现”特别展览开幕，揭开了香港故宫文化博物馆“中华文明的起源与发展系列展览”的序幕。你们是如何构想这个系列展览的？

吴志华　这其实又要说回到香港故宫文化博物馆的定位，我们不是故宫博物院的分院，而是兄弟关系。当然我们主要是以展示故宫文化、故宫文物、故宫艺术为主，可是我们也希望扩大到整个中华优秀传统文化。

故宫所藏的文物最主要是明清两代的，是以过去600多年以来的文物为主，我们还希望透过一些专题展览，把我们更广的、更早的文明发展介绍给中外观众，加之我们了解到过去10年，内地的考古工作者在中华文明探源工程上取得了非常多的成果，所以我们构想了“中华文明的起源与发展系列展览”。

“文明起源”这个话题对大部分观众来讲是比较陌生的。我们希望通过一系列展览，让他们更多了解中华文明的根源。我们以“凝视三星堆”作为“头炮”，就是希望透过三星堆及其背后的古蜀文明，与长江中下游与黄河流域的文化交流关系，探究我们中华文明的起源与发展。内地文物机构对我们这个想法非常支持，也希望通过这个展览，向中外观众展示我们国家关于文明探源研究与保护所做的工作。我们也跟其他一些重要考古遗址所在地的博物馆、考古研究院进行了很好的沟通，希望把他们出土的文物、已经做好的研究做成一个展览带到香港。相信这不是短期工作，可能未来几年都会围绕这个题目来做。

记　者　除了文物展示之外，香港故宫文化博物馆还承担着哪些功能？

吴志华　现在，博物馆的功能已经不单是保护文物，更重要的是拉近社会大众与文物的距离。香港故宫文化博物馆的一个重要使命就是推动博物馆教育，培育未来文化艺术以及博物馆专业人才。通过以文化人、以文育人，让观众更深入、更全面地了解我们中华文明的历史。我们与学校及其他教育机构紧密合作，通过参观博物馆、实物学习、体验工作坊及学校外展活动等，让学生走出课堂，丰富学习体验。我们的旗舰青年学习及交流项目“双城青年文化人才交流计划”致力于成为京港两地青年的文化交流平台。

此外，我们还跟香港教育局合作共同策划《细说文物——中国历史教学资源册》，以文物为主轴，配合中学的中国历史课程做更深入的研习。《细说文物——中国历史教学资源册》运用故宫文物，以崭新形式设计了四个学习活动单元，让老师灵活运用，激发学生对学习中国历史的兴趣。博物馆另一个理念便是要促进文明对话、文明互鉴。开馆至今，我们已经跟5家海外及国内文化机构合作，合办了5个特别展览，均获得热烈反响。我们希望每年可举办两个与海外文化机构合作的展览，也希望开拓与其他地区博物馆的合作，如中东、非洲地区的博物馆，把中东地区的文化展示给香港和内地观众之余，亦会介绍过去中国跟这些地区之间的文化交流，让大家更好地了解中外文化。博物馆担当一个推动中外文化艺术交流的联系人角色，我们期待与内地博物馆携手合作，将更多外国文化艺术引进香港、引进内地。

博物馆也积极举办国际研讨会，包括2023年9月的“三星堆与青铜时代的中国”国际研讨会，以及2023年12月跟故宫博物院、敦煌研究院联合主办的“承前启后·中国古代艺术保护国际研讨会”，邀请世界重要文博机构的馆长、顶尖专家进行主题演讲和专业报告，促进国际交流与机构之间的合作。

（成　博）

24

提 要

- 一座城市要展现发展活力，文化软实力就要与经济科技规模相匹配

- 中国故事承载着中华文化，中华文化赋予中国故事精神与灵魂，艺术作为讲述中国故事、传播中华文化的重要载体之一，具有春风化雨、润物无声的不可替代的作用

- 立场决定一部作品的深度和广度，创作者要把立足点放置在弘扬中国音乐、传承中华文化、传播正能量上来

- 艺术工作者最重要的任务之一，就是将中国故事和中华文化与艺术合而为一，形成能够浸润心灵的艺术作品

叶小钢

中国文联副主席
中国音乐家协会主席
香港中文大学（深圳）音乐学院院长

人物简介

叶小钢，1955年出生，中国文联副主席、中国音乐家协会主席、香港中文大学（深圳）音乐学院院长、中央音乐学院教授。2014年入选中央宣传部文化名家暨“四个一批”人才工程、享受国务院政府特殊津贴专家，著名作曲家、音乐教育家。

主要作品包括交响乐、室内乐、歌剧、舞剧、影视音乐等体裁，代表作有《地平线》《最后的乐园》《大地之歌》《羊卓雍错》等，以及现代舞剧《深圳故事》、芭蕾舞剧《红楼梦》，影视音乐《玉观音》《大国崛起》等，其作品被世界各地众多知名乐团广泛演出。同时，策划并完成了许多国内外重大音乐季演出和文化交流活动。

融合中国故事与中华文化
创造浸润心灵的艺术作品

深圳，中国改革开放的前沿阵地，在这座年轻的城市北部，一所更加年轻的音乐学院正迎来一个个鼓舞人心的时间节点，为城市文化装点亮色：2023年11月底，香港中文大学（深圳）音乐学院两周年庆音乐会在深圳音乐厅隆重举行；2024年夏天，学院的首届研究生即将毕业……

自2021年4月受聘为香港中文大学（深圳）音乐学院首任院长以来，叶小钢一直为学院事务奔忙。在院长身份之外，他还身兼中国文联副主席、中国音乐家协会主席等职务，音乐创作也不断出新。

早在20世纪80年代初，当时就读于中央音乐学院的叶小钢便因出色的作曲才华为人熟知。40多年来，他始终保持高产，谱写了众多脍炙人口的音乐作品，其中涉及大量中华优秀传统文化题材。长期任教于音乐学院，他在音乐教育、音乐活动策划等方面也做了大量工作。

2024年1月25日，叶小钢在香港中文大学（深圳）音乐学院接受四川日报全媒体“文化传承发展百人谈”大型人文融媒报道记者专访。他表示，艺术是讲述中国故事的重要载体，艺术工作者最重要的任务之一，就是将中国故事和中华文化与艺术合而为一，形成能够浸润心灵的艺术作品。

◆ 永远走在路上，创新永不停歇

叶小钢走上音乐之路，几乎是一件顺理成章的事。他的父亲叶纯之是著名的音乐理论家、作曲家、音乐教育家，曾任香港音乐专科学校校长，为大量话剧、电影负责过作曲和配乐；母亲年轻时曾学习声乐，艺术鉴赏力很好，叶小钢小时候，她就常在家中播放肖邦钢琴练习曲唱片。

叶小钢4岁起就跟随父亲学习弹钢琴，1978年，叶小钢考入中央音乐学院，师从著名作曲家杜鸣心。凭借《中国之诗》《老人故事》《八匹马》《地平线》等作品，叶小钢渐露锋芒。1987年，他获得美国伊斯曼音乐学院奖学金赴美留学，直至1994年返回中央音乐学院。几十年来，叶小钢身兼作曲家、音乐教育家、音乐活动家，逐渐成为中国当代音乐界的领军人物之一。

叶小钢的创作包括交响乐、室内乐、歌剧、舞剧、影视音乐等体裁，年轻时候的《中国之诗》《地平线》，中年时期的《冬》《大地之歌》，

叶小钢出版的著作

近年的《鲁迅》《草原之歌》，以及歌剧《牡丹亭》、芭蕾舞剧《红楼梦》等，都是各个阶段他自认为重要，或者比较喜爱、满意的作品。2008年北京奥运会开幕式上由郎朗演奏的《星光》，也出自叶小钢之手。按导演张艺谋的要求，乐曲要表现中国的"温暖、大气、包容、美丽，以及凛然不可侵犯之庄严"等诸多要义。"我花了一个下午写了个3分钟的主题。该曲原定5分钟，结果送去没多久，张艺谋导演打来电话问'能否变成8分钟'。"后来，《星光》屡屡在国内外演出，备受听众喜爱。

"我觉得应该永远走在路上，创新永不停歇。"叶小钢表示。

2002年，叶小钢倡导创立"北京现代音乐节"。如今，这一音乐节已逐渐成为世界范围内的重要音乐节，成为中国现代音乐面向世界的品牌。而在卸任中央音乐学院副院长后，他又于2021年4月受聘为香港中文大学（深圳）音乐学院院长。

"一座城市要展现发展活力，文化软实力就要与经济科技规模相匹配。从纽约、旧金山湾区，到京津冀和长江三角洲地区，一流的高校和专业院校赋能文化成为当地核心竞争力之一。"他表示，希望借助香港中文大学（深圳）办校机制，在音乐上为深圳、为大湾区、为中国"做一点事"。

◆ 谱写中国音乐，弘扬中华文化

在叶小钢看来，中国故事承载着中华文化，中华文化赋予中国故事精神与灵魂，艺术作为讲述中国故事、传播中华文化的重要载体之一，具有春风化雨、润物无声的不可替代的作用。"艺术工作者最重要的任务之一，就是将中国故事和中华文化与艺术合而为一，形成能够浸润心灵的艺术作品。"

关于中国传统文化的作品，叶小钢写了不少。

例如，《大地之歌》描述的是唐代文化；《敦煌》以丝绸之路悠久的历史文化为灵感，将中国元素与西方技巧相融合；《长城》从嘉峪关一直写到老龙头，从历史上修建长城一直写到今天，详细地描绘了长城文化的历史传承。“在这里面，它已经不仅仅是一种地理边界和具有防御功能的建筑，更是一种文化上的‘长城’，是从古至今绵延不断的文化血脉。”

四川是叶小钢的福地，“很多写关于四川的题材都获得了成功”。“成都平原十分精致，从远古遗迹到近世人文，从烟远山峦到浅滩激流，从醇酒到美食，难怪有‘老不出川’一说，在那儿太巴适。”创作《四川音画》中《峨眉》一曲时，叶小钢虽然内心非常激动，但最后呈现的音乐却很沉静，“我入世的方式是很积极的，但我内心追求的是一种平静、平和，在喧嚣的世界中与世无争，我希望把这种状态体现在我的音乐里。”

“当代音乐要讲好中国故事，立场和方法很重要，但我觉得立场问题是最重要的。”叶小钢说，立场决定一部作品的深度和广度，创作者要把立足点放置在弘扬中国音乐、传承中华文化、传播正能量上来。

◆ 开启海外巡演，讲述中国故事

尽管创作植根于中国大地，叶小钢“走出去”的步伐却从未停歇：1987年赴美留学，1996年签约德国朔特音乐出版社，成为其成立250余年来签约的第一位中国作曲家，叶小钢的音乐会在世界各地持续上演……

叶小钢一直认为，音乐讲究技术，没有技术就没有艺术，他的技术在留美学习过程中得到了不少进步。同时，汲取不同层面的理念与技术方式，让他的音乐有了多方面原创能力，在交响乐、室内乐、影视音乐、舞台音乐、音乐作曲教学等方面也能应付自如。

2013年9月22日，由教育部、国务院新闻办、中国文联、中国海外交流协会等联合主办的叶小钢“中国故事——大地之歌”音乐会在美国纽约林肯中心盛大上演。在这场新中国成立以来，首次由美国主流交响乐团担纲的中国作曲家个人作品音乐会上，叶小钢以西方交响乐形式讲述中国故事、传递中国声音、塑造中国形象，向世界展现了博大精深的中华文化。

演出中的叶小钢

此后，叶小钢的音乐会在世界各地持续上演。一次在德国的演出结束后，观众掌声经久不息，他只能将首席指挥拉走，否则不知谢幕要延续多长时间。

“中国故事”上演的音乐作品，大部分来自叶小钢的个人体验。为什么外国观众如此着迷？“在人类所有艺术形式中，音乐最能直达人心。”叶小钢思考后觉得，虽然以中国当代音乐的形式讲述中国故事，但表达的情感却是全世界共通的。

《青芒果香》就是一首非常个人化的作品，在叶小钢眼中，它“极为敏感地表现了内心的细致、虚拟时间色彩的空间对比，以及对大自然赐予的沁人肺腑的芬芳感恩与悱恻心境”。而在国外演出时，其对南方自然环境的描绘，很容易与环保话题联系起来，对当下社会发展具有警示性，从而引起观众共鸣。

叶小钢说，自己没有那么大的雄心，要“代表中国音乐走出去”，“中国音乐的呈现方式是多样化的，我只代表个体，换句话说就是将自己的作品呈现在世界舞台上”。不过在他看来，只要有足够的艺术水平，牢牢掌握音乐的各种题材、形式，将中国故事和中华文化进行相应的融合，深入挖掘人类共通的情感，不断实践创新，“走出去”其实是一件水到渠成的事情。

未来，叶小钢将继续以音乐为媒，把中国故事远播到世界各个角落。

只有浸入民族音乐的精髓，才可能发展出新的音乐样态

让音乐在南方再度崛起

记　者　我们今天所在的香港中文大学（深圳）音乐学院，自正式招生至今只有两年半时间。您曾经长期在中央音乐学院工作，为何选择到深圳这座年轻的城市，担任这所年轻的音乐学院的首任院长？

叶小钢　第一是深圳方面的盛情邀请；第二呢，我是广东人，所以在我学术生涯最后的阶段能够为广东做一点事情，我是比较情愿的。能够到大湾区来，回到我的“母语系统”，内心深处也很认同。中国很多著名的音乐家都是广东人，比如说冼星海、马思聪等。所以我作为这一届音协主席，能够到广东来工作一段时间，对我的创作会有好处。

当然，深圳的音乐文化基础或者说氛围，相对来说薄弱一些，这对我也是一个新的挑战。事实上，我目前也正在为深圳、为大湾区的音乐文化实实在在地做一些事情。

记　者　香港中文大学（深圳）音乐学院与国内外知名音乐院校相比，它在教学、育人方面有哪些特色亮点？您希望培养怎样的音乐人才？

叶小钢　比较笼统地说，就是希望为今后中国音乐事业的发展培养一些接班人，同时通过培养他们，也为整个社会的文化艺术氛围以及国民素质的进一步提升贡献自己的力量。我们培养的学生，不见得都会从事音乐工作，尤其是非常专业的音乐工作，但是总的来说还是为大湾区培养了很多音乐艺术人才，我相信这对社会的发展是有益处的。

说到不同，可能它的机制相对来说是比较新的。我们音乐学院在学术上遵循学校本部的一些规范或者说习惯，沿着他们的学术系统在运作。我在中央音乐学院工作了几十年，也想看看在这样一个新的机制下，能不能闯出一条新路。对我来说，进行两所院校、两套机制之间的工作交接、对比，对学术管理水平的提高，以及寻求新的学术侧重点，都是有好处的。

记　者　其实这两年，您不仅担任院长，还在广州、深圳等地创办了工作室、艺术创作中心，参与了大量音乐文化活动。您觉得音乐和一座城市、一片地域的文化建设之间，存在一种什么样的关系？

叶小钢　其实广东的音乐氛围还是很浓厚的，有很多百姓热衷的、熟悉的，相对来说比较民间、比较接地气的音乐。如果在办学校的时候，能够把音乐的氛围、音乐的水平，尤其专业音乐家的水平加以提升，我相信对这个地域、这个地区是有益的。

一个地方有一所音乐学院，它的好处是显而易见的，就跟四川有四川音乐学院、上海有上海音乐学院一样。上海这座城市如果没有上音，它的音乐文化水平以及人们的音乐鉴赏力可能就不会提高得那么快，上海可能就不会成为中国音乐文化的重镇。我相信经过我们的努力，香港中文大学（深圳）音乐学院也能够成为中国音乐的一片热土，让音乐在南方再度崛起。

站在经典的肩膀上创新

记　者　作为一名作曲家，多年来您谱写了大量讲述中国故事、富有中国特色的音乐作品，还在世界各地举办了很多场“中国故事”专场音乐会。在您的创作中，中国元素和西方表达是如何有机结合的？一件作品，怎么才能打动不同国家、不同文化背景的听众？

叶小钢 在创作中，我通常以交响乐的手法，或者说西方音乐的表述方法为主要艺术手段。我相信这么多年以来，在采用国外观众听得懂的方式和他们所习惯的形式来讲述中国故事这方面，我有一定的优势。因为我从小就学习西方音乐，同时，我又生长在中国这片土地上。我是广东人，对广东音乐相对来说比较熟悉；我在上海长大，对江南一带的音乐也比较熟悉；同时我又在北京工作了几十年，所以对京津冀这一块也比较熟悉；最近这些年我经常到四川，所以对中国西南地区一些语言习惯、音乐的表达习惯也开始熟悉起来。这样一种“博采众长”，让我积累了比较丰富的经验，所以我创作的成功率相对来说比较高一些，形成了一些艺术上独到的风格。

记　者 近年来，中华优秀传统文化的创造性转化、创新性发展受到高度重视，您也在不同场合强调音乐创作中的中国风、中国味、中国情。在您的创作中，创造性转化、创新性发展具体是如何实现的？

叶小钢 中国有很多传统音乐，比方说江南的调、广东的调、四川的调、北方的调，创造性转化应该怎么做呢？我写了很多广东题材的音乐，旋律都是出自广东当地的一些民谣、民歌，然后用一种新的表现方式去转化。我没有用原来的民族乐队，而是用管弦乐的语言，赋予传统音乐新的表述方式。

如何创新性发展呢？在传统的基础上，我又加入了自己的东西。我写过《广东音乐组曲》，把原来的民族乐队变成管弦乐队，调还是那些调，但赋予了新的创作手法、新的和声方法。我写过《岭南组曲》，标题是广东的，音乐也是广东的，但是加入了更多我自己的东西，在传统基础上有一些新的表述方式，也可以说是一种创新性发展吧。

记　者　在您看来，我们要通过音乐向世界讲好中国故事，还需要锤炼哪些能力？

叶小钢　我觉得技术是非常重要的，另外一个，就是对古今中外经典乐的熟悉。只有站在经典的肩膀上，才可能有创造性转化、创新性发展，如果基础很薄弱，所谓的发展就是空中楼阁。有一些没有多少经验，或者没有多少技术积累的创作者，他们做出来的作品就不那么有说服力。你连说服力都没有，怎么谈得上感动人呢？只有真正地浸入民族音乐的精髓，才有可能创新性地发展出一些新的音乐样态。

艺术家要不断自我革命

记　者　最近这些年您经常来四川，成功创作了不少四川题材音乐作品。在您看来，四川的音乐创作有哪些得天独厚的条件？创作者可以如何加以利用？

叶小钢　四川的民间音乐尤其是四川的地貌、人文对我有很大的影响。四川的人文历史非常绵长，比如说李白、杜甫、陆游都在那里待过很长的时间，创作了无数的诗篇。以李白、杜甫为主题的音乐我写了很多，比如《少陵草堂》，最近正在写关于陆游的。

关于杜甫，以前是不敢碰的，因为他的内心比较宏伟，忧国忧民的情愫很多，情怀也很多。他的知识分子的博大胸怀，从诗歌中显而易见，同时他的文字又非常讲究。所以杜甫比较厚重，创作者没有一定的积累，包括年龄的积累、社会经验的积累，是写不好的。我40多岁就开始写李白，写王维、孟浩然，但杜甫是五六十岁才开始写的。我们中国古代的文化巨人，他们博大的胸怀、深刻的思想内涵，这些要有些积累才能真正感悟到。我觉得积累很重要，成功需要靠积累、靠经验、靠你对生活的感悟和体验以及更加深刻的理解。

记　者　最近几年，成都提出加快建设“三城三都”，其中之一就是“音乐之都”。您觉得打造“音乐之都”还需要加强哪些工作？

叶小钢　打造“音乐之都”是一个漫长的过程，需要长久坚持下去，无论硬件还是软件都要不停地推进。硬件方面，最近成都交响乐团启用了新的音乐厅，它的音响的专业程度非常出众。从软件角度来说，我觉得四川需要培养更多的音乐人、音乐家，培养更多的艺术团体，对艺术团体有更多的扶持。这才是我们更要做的，也是最立竿见影、最能够取得一定成效的。

而且对具体事务的操盘，比如说举行一个音乐节、一个大型的艺术活动或者展演，要有具体的步骤，要有人才的投入、资金的投入、硬件的投入，以及社会整体氛围的鼓励，我觉得这些都是非常重要的。

记　者　四川的音乐生态中，流行音乐的氛围比较浓厚，有不少全国知名的乐队、歌手，川籍音乐人多年来在电视选秀节目、音乐综艺节目中也表现不俗。对四川流行音乐以及相关配套的发展，您有何建议？

叶小钢　我觉得对于流行音乐的表演家、演奏家、创作者，更重要的是推出新的作品。流行音乐靠什么？靠创新啊！世界上很多很有名的流行音乐家，他们风靡一时还是因为创新性，包括观念的更新、对社会发展和艺术潮流的敏感度，以及他们团队自身的技术、判断力的成熟度。如果一个流行音乐家老是躺在过去的一首歌上，躺在过去的功劳簿上，到哪儿都唱同一首歌，虽然也挣了不少的钱，但这对于音乐的发展没有用。

我自己就一直在学习，不断推出作品。我觉得一个艺术家作品长盛不衰、持续引领潮流的秘诀，就是要不断自我革命、自我更新。

（余如波）

25

提要

- 不同的文明在澳门和平相处、求同存异、共同发展

- 澳门最难得的，就是能够“不同而和、和而不同”

- 澳门某种意义上是不同文明的一个“试验田”“实验室”，不仅体现了中华文化的巨大包容性

- 也说明了不同的文化是可以共生、共存、共荣的，不同的文明是可以和睦相处、互相吸纳、互相包容的

吴志良

澳门基金会行政委员会主席
澳门文化界联合总会会长

人物简介

吴志良，澳门基金会行政委员会主席、澳门文化界联合总会会长、澳门学者同盟主席、历史文化工作委员会主席以及澳门大学客座教授。任全国政协文化文史和学习委员会副主任、全国港澳研究会顾问、中华海外联谊会常务理事、中国作家协会全国委员会委员、中国文学艺术基金会理事、中华文学基金会理事以及北京外国语大学名誉教授。主要从事澳门历史与政治研究，代表性著作有《澳门政治制度史》《东西交汇看澳门》及《悦读澳门》等。

充分挖掘澳门历史文化底蕴
推动不同文明之间交流互鉴

饱经风霜的大三巴牌坊下，游客和市民在此流连；古色古香的妈阁庙内，香火缭绕未曾断绝；熙来攘往的官也街街头，各色小吃令人垂涎……“烟开濠镜风光异，好一派，繁华地”，清代文人黄呈兰曾用这样的词句描写澳门，数百年后，这里带给人们的感受似乎并无太多变化。

在澳门基金会行政委员会主席、澳门文化界联合总会会长吴志良看来，澳门是中外文化的交汇之门。这方“弹丸之地”在西学东渐、东学西传过程中扮演着积极角色，为不同文明、不同民族相互认识、沟通、理解、尊重做出了不可磨灭的贡献。

这样的认识，植根于几十年来对澳门的深入观察和研究。从20世纪80年代扎根澳门以来，吴志良已在这里度过30多个春秋，以文学创作者、历史研究者、社会活动推动者等不同身份深度参与了澳门发展进程。2024年2月下旬，四川日报全媒体“文化传承发展百人谈”大型人文融媒报道记者前往澳门专访吴志良，借助这位“澳门通”的视角触摸澳门文化的根与魂。

◆ 结缘澳门，时代造就命运

吴志良出生于广东省河源市连平县，读中学时理科成绩较好，但没想到毕业前体检发现患有色盲，只好在老师的建议下转到文科。凭借不懈努力，他考入北京外国语学院（今北京外国语大学）葡萄牙语专业。

1985年本科毕业前夕，葡萄牙总统访问中国，吴志良受邀参加餐叙。“当时中葡两国就澳门问题准备谈判，后来一毕业，我就来到澳门工作。”他感叹道，自己学的是葡萄牙语，而澳门回归祖国恰好在那时提上了日程，“跟澳门结缘完全是巧合，可以说时代造就命运。”

吴志良很早就有阅读、写作的爱好，还在读大学的时候，就为广州《足球报》投稿，介绍巴西、葡萄牙足球，挣点稿费、买点书。初到澳门，他在澳门政府部门从事翻译工作，空闲时翻翻葡萄牙的报纸，编译一些介绍异域风土人情的文章，然后步行几分钟送到澳门日报社。“当时的社长看到我的文章，觉得写得很好，还指导我压缩到1000字左右，发在副刊上。”

工作一年后，吴志良获得奖学金，赴葡萄牙留学进修了两年。那段时间，每当中国代表团到葡萄牙谈判，他就以《澳门日报》特约记者的身份，联络葡萄牙当地记者，结合所见所闻所思发回一些报道，记述葡萄牙的风土人情、政治动态等。后来，这些文字以《葡萄牙印象》为题结集出版。

散文集《葡萄牙印象》一发行即告售罄。有评论认为，提到20世纪80年代的澳门文学，这本散文集是文学史和研究者无法绕过的。著名翻译家、北京外国语大学教授孙成敖评价：“收入这个集子的作品文笔简洁流畅，形式生动活泼，内容丰富多彩，几近包罗万象。读者不仅能从中领略一番葡萄牙独特的风土人情，还能获得不少有关葡萄牙的历史、文化等多方面的知识和增加对葡萄牙社会现状的了解。”同时，吴志良还参与翻译了不少葡萄牙文学著作，如《创世纪》《葡萄牙》《盲人的峡谷》以及葡萄牙诗人贾梅士的有关作品，推动澳门与葡萄牙之间文学的交流和沟通。

◆ 探究澳门，填补学术空白

从葡萄牙留学归来后不久，吴志良进入澳门基金会工作，1992年起任职于行政委员会，当时的主要工作是管理原澳门东亚大学。随着东亚大学一分为三，澳门基金会的功能也随之调整，“一是发展中国和葡萄牙的关系，包括推动科技合作、学术合作、文化合作等；二是对澳门社会、政治进行全面的研究；三是通过发放奖学金，鼓励澳门学生到内地读书。”

“做这些工作的时候，心想大家都在读书，我也去读吧。”1993年，受国家自然科学基金委员会邀请，吴志良到南京大学访问，结识了著名历史学家茅家琦，后来便在茅家琦的指导下攻读博士学位，从事澳门研究。澳门回归祖国前夕，其博士论文以《生存之道——论澳门政治制度与政治发展》为题出版。当时，学术界缺少一部中葡双方、澳门居民普遍认同的澳门历史著作，该书填补了这一空白，并奠定了吴志良在澳门学术研究领域的地位。

读博前，吴志良时常利用业余时间，在澳门高校教授葡萄牙历史和葡萄牙文学；博士毕业后，教师这一身份依然没有落下。他教历史，喜欢用提问和说故事的方式，然后给题目让学生看书，下一堂课由学生上来讲故事。“历史不外时间、人物、地点，这些东西很枯燥，用当下的现实提起兴趣，学生就来劲了。”

通过教学，他一方面引导了不少年轻人对澳门历史、澳门文化产生兴趣，另一方面不断看书、充实自我，更新自己的知识。“我主动提出来找一些高校合作，目的其实很简单，就是希望能够吸引更多的人来研究澳门。”在南京大学、北京外国语大学、中国人民大学，以及澳门大学、澳门科技大学等高校，他通过与在职学者共同指导，陆陆续续带了一批这样的学生。

◆ 从澳门出发，与祖国休戚与共

澳门基金会的宗旨是“促进、发展和研究澳门的文化、社会、经济、教育、科学、学术及慈善活动，以及旨在推广澳门的各项活动”。“澳门是一个很典型的社团社会，具有同舟共济、守望相助的精神。我们通过支持、保障澳门社会组织的运作，使得澳门社会相对比较和谐稳定。”吴志良说。

而在推动澳门基层治理之外，澳门基金会在文化等领域同样贡献良多。以历史文献档案为例，在澳门基金会的组织推动下，《明清时期澳门问题档案文献汇编》（6卷）、《葡中关系史资料汇编》（10卷）、《〈澳门宪报〉中文资料辑录（1850—1911）》等相继整理出版。“对于历史档案文献资料的收集，我们特意组织了班子去做。”吴志良举例道，为了推出《清代葡萄牙驻广州总领事馆档案》，澳门基金会与广东省立中山图书馆合作，由后者派出学术团队远赴葡萄牙，光是影印、拍照就花了3个月，“现在出版了60卷，要出齐可能得200卷。”

数百年来，澳门一直与祖国同呼吸、共命运。澳门回归祖国之后，与内地的联系更是愈发紧密，澳门基金会也深度参与其中。汶川特大地震发生后第二天，澳门基金会便拨款1000万元人民币用于抗震救灾，后来又出资5亿元，大部分用于青城山古建筑群落、北川羌族民俗博物馆、三星堆博物馆及三星堆遗址灾后恢复重建，分别于2013年和2014年完成。

对于援建成果，吴志良“很满意、很欣慰”。他说，北川羌族民俗博物馆为新北川提供了非常现代化的文化设施，为保护四川少数民族文化提供了很好的场所；青城山的援建项目，不仅抢救和修复了文物，也为当地居民依靠青城山发展旅游业带来了生机。“这些工作，体现了澳门跟内地血浓于水的关系，对澳门青少年来说更是非常重要的爱国主义教育。”

澳门最难得的，就是能够“不同而和、和而不同”

澳门体现了中华文化的巨大包容性

记　者　在您看来，对于中华民族大家庭而言，澳门文化的特殊性、重要性体现在什么地方？

吴志良　这要从澳门的历史讲起。16世纪中期葡萄牙人获得澳门居住权以来，澳门成为中国非常独特的一个城市，从16世纪中期到17世纪中期，澳门是远东最繁华的对外经贸、文化交流港口之一。在当时中国相对封闭的环境之下，澳门是中国接触世界的窗口，也是对外文化交流的一座桥梁。当时西方先进的数学、天文学，以及绘画、音乐等，通过澳门传进了中华大地；中国的经典包括“四书五经”这样的作品，也通过传教士翻译成外文传到了西方。在这种环境下，澳门积累了丰厚的历史文化底蕴。一方面是中华文化的守护者。因为远离权力中心、远离天灾人祸、远离战争，澳门比较完整地保存了中华文化的传统基因，没有受到太多人为因素的破坏；另一方面，因为要跟西方人以及亚洲相当一部分国家的人交往，澳门不仅成为一座文化交流的桥梁，还学会了怎么跟新的文化、新的思想、新的宗教和平共处。

所以，澳门没有崇洋媚外这种风气。在我们衰落的时候，我们没有屈膝崇洋，一直保持不卑不亢的态度；在中国兴盛的时候，我们也没有将自己的文化强加给其他民族、其他文化的人。这就使得不同的文化可以在相对平和、相对平等的状态下交流，这种交流是真实的，体现在我们日常生活之中。

所以对国家来说，澳门某种意义上是不同文明的一个“试验田”“实验室”，不仅体现了中华文化的巨大包容性，也说明了不同的文化是可以共生、共存、共荣的，不同的文明是可以和睦相处、互相吸纳、互相包容的。澳门建立了一种不同文明、不同民族之间的相互尊重、理解、信任和合作，这是我认为澳门文化最值得我们去弘扬的突出特点。

记　者　2023年6月2日召开的文化传承发展座谈会上，习近平总书记提出并阐述了中华文明的连续性、创新性、统一性、包容性、和平性五个突出特性。除了您刚才的解读，澳门还在哪些方面体现了这些特性？

吴志良　这五个突出特性在澳门都有生动的演绎。说到连续性，澳门保存了中华传统文化的基因；说到创新性，中华文化跟其他文化兼容并包；说到统一性，澳门一直没有离开祖国的怀抱。在葡萄牙管理的相当长一段时间里，中国人保持了自己的风俗习惯。

关于包容性，一个庙里可能有不同的神，中国传统的庙宇和教堂毗邻相处，可能只有几步之遥，在很多国家很难看到这样的情况。和平性就更不用说了，不同的民族、不同的文化、不同的信仰在那么小的空间里面没有发生重大的冲突。所以“一国两制”在澳门有肥沃的土壤，从回归祖国以来的情况看，也相当顺畅，其中最重要的原因就是社会和文化基础。

记　者　近年来，中华优秀传统文化的创造性转化、创新性发展受到高度重视。澳门文化是中华优秀传统文化的有机组成部分，其中哪些因素是值得今天传承、弘扬的？澳门文化的创造性转化、创新性发展有哪些途径？

吴志良　澳门最难得的，就是能够“不同而和、和而不同”。我一直相信，无论什么样的文明，它的终极关怀是人性，人性是向善的、互助的，人与人之间需要尊重、理解甚至谅解，才能建立一种信任的关系，才能有合作。所以，不同的文明在澳门和平相处、求同存异、共同发展，在这种兼容并包的过程中，我们必然会吸纳其他文化的一些元素，激发我们自身的创新和创造。

在澳门，这种创新和创造体现在日常生活的每一个层面。大三巴牌坊出自西方的设计师之手，但当时的工匠既有中国人又有日本人，从残存的牌坊中能看到不同文化的元素；在我们日常的饮食里，中餐可能加上了西餐的配料，西餐又和中餐的一些配料有了融合；在婚丧嫁娶细节里面，也存在中西融合的情况；在中国传统的节庆里面，舞龙舞狮的也有外国人。

当然，澳门地方很小，经济规模、城市规模、人才存量都不足。所以，我们很期待有越来越多的人来澳门看一下、感受一下，使得澳门文化的光芒散发得更远、照亮更多的人。我们也一直在努力将澳门的历史文化

每年农历四月初八，澳门民间举行“舞醉龙”庆祝活动（谭务华　摄）

底蕴、城市特性、城市精神充分地挖掘出来、展示出来，让更多人了解和认识。

进一步树立澳门鲜明的文化形象

记　者　2023年8月20日，澳门文化界联合总会正式成立，由您担任会长。将不同的文化社团、组织、机构联合起来成立总会的初衷是什么？未来，总会将在澳门文化的发展中发挥怎样的作用？

吴志良　成立澳门文化界联合总会，一方面是因为国家希望澳门能够团结凝聚文化界，为打造以中华文化为主流、多元文化共同合作的基地作出贡献。某种意义上，也希望澳门在文化强国过程中发挥独特的作用。另一方面，这也是澳门文化界的一次觉醒，代表了澳门文化人大团结、大联合的意愿。澳门有2000多个文化社团，力量很分散，我们要在文化上有所作为的话，需要一个更大的平台来发挥作用。

所以澳门文化界联合总会是一个大团结、大协作的平台，是一个服务的平台，我们通过这个平台建立广泛的网络，使得澳门的文化人、澳门的文化社团可以发挥更好的作用。同时我们也要通过这个平台，确立、加强、巩固澳门的主流价值观，提升澳门文化界的专业水平，进一步树立澳门鲜明的文化形象，并且通过这个平台开展对外交流合作。

记　者　澳门在没有来过这里的人的印象中，特别是在内地居民心目中，可能只有《七子之歌》、大三巴牌坊、博彩业等几个简单的文化符号。要增进外界尤其是内地对澳门文化的了解，您觉得可以采取哪些方式？

吴志良　澳门文化界和学术界在过去几十年其实做了大量的工作。我们首先对澳门的历史文献和资料做了全面的整理。同等规模的城市中，澳门拥有的档案数量巨大，语种从中文到葡萄牙语、法语、意大利语、拉丁语，反映了中国和西方交往几百年的历史过程。这些文献档案散见于全世界不同的档案馆、图书馆，过去30多年来，我们一直在推动整理工作，其中主要和重要的都已经整理出版，这为未来的文化建设打下了坚实的基础。

第二个工作，就是对这些历史文献进行研究。我们做了很大的努力，鼓励硕士、博士研究生做澳门的题目，不仅在澳门，还有中国内地的学校、葡萄牙的学校和海外的其他学校，成果还是非常明显的。

在宣传方面，我们做中学生征文比赛，还做文学奖、人文社会科学奖，鼓励通过文学的方式、通过做研究来书写澳门的历史。我们也面向全球做澳门散文比赛，希望其他地方的作家、文学家关注澳门。

的确，这方面的成果还有很大的发展空间。你刚才说的大三巴牌坊，体现了澳门厚重的历史，《七子之歌》体现了澳门人的家国情怀，但澳门整体的文化形象是什么，还有待我们进一步去挖掘和归纳。

澳门地标大三巴牌坊（胡权钊　摄）

记　者　档案文献整理和学术研究，应该就属于您一直倡导的“澳门学”的范畴。开展澳门学研究，可以怎样帮助我们讲好澳门故事、中国故事？

吴志良　“澳门学”这个词，是20世纪80年代初，几位学术前辈提出来的。当时他们觉得，澳门历史发展有它的特殊性，社会制度跟内地不同。在这种情况下，我们如何总结澳门的特性，如何利用这种特性来融入祖国？我认为这是他们倡议澳门学的初衷。

一开始，我们更多从历史文化的角度来推动澳门学的发展。澳门回归祖国后，需要建立新的共同体意识、新的价值观。所以在我看来，澳门学是一门构建本土知识体系和解释体系的学科，引领社会找到适合澳门发展的道路。它的作用首先就是树立一个正确的价值观，在中国历史的大背景下形成澳门自己的宏观历史叙事——我是谁、我从哪里来、我要去往哪里。

第二，澳门学从不同的学科出发，对澳门历史、文化、社会、经济、法律等各层面进行了系统研究，使得我们更科学、更系统地认识澳门。澳门有什么优势、有什么劣势？我们融入国家发展大局还需要做什么？保持我们的特性、保持我们跟世界的联系又需要做什么？这些都是非常重要的问题。澳门学在海内外学术界共同支持下，在澳门学界的努力下，做出了应有的贡献。

第三，通过澳门学，我们做了大量知识普及的工作，很多大是大非的问题引起社会的讨论，在讨论的过程中形成共识。同时我们做了大量青少年的工作，包括出版澳门知识丛书和儿童读物，使大家产生归属感、产生凝聚力。

第四，澳门学的很多追随者形成了我们的学术梯队。在这么小的一个地方，有人去建设这个学科，有一批追随者跟着来做，慢慢地壮大了我们的学术力量。

为中华文化对外传播做更多工作

记　者　您刚才提到"保持我们跟世界的联系"，恰好最近几年，推动文明交流互鉴和人类命运共同体建设也成为一大热门话题。在这个方面，澳门具体是怎么做的，有没有一些比较有代表性的成果？

吴志良　从历史上来看，澳门曾经是远东最繁盛的港口之一，是早期全球化的一个中心城市，中国的陶瓷、丝绸、茶叶这些主要商品通过澳门出去。当时澳门有三大航线，第一条是走马六甲海峡，通往印度果阿和欧洲；第二条是到菲律宾马尼拉，再到墨西哥、西班牙，大量的美洲白银通过这条航线进入中国；第三条是往东北面走，到日本长崎。这三大贸易生命线，促成了澳门从1580年到1640年大约60年的繁荣，成为中国经贸文化交流的重要港口。这种历史的联系已经形成了网络，不仅仅是贸易关系的网络，还有人情的网络。在这种贸易运行中，很多外国人来到澳门居住，很多中国人从澳门去到了国外。也正是由于这种历史文化的联系，中国-葡语国家经贸合作论坛的秘书处设在澳门。在《粤港澳大湾区发展规划纲要》里面，也是将澳门定位为中国与葡语国家商贸合作服务平台。澳门文化的发展，吸纳了相当多的世界性元素。澳门的庙宇，历史、规模、艺术性都不如内地许多城市；在欧洲很多小城市，都能找到比澳门更古老、更具艺术性的教堂。但为什么澳门历史城区会成为世界文化遗产？就是因为不同文化在这里聚合，形成了很强的社区精神，它一方面以中华文化为主导，另一方面又体现了它的包容性、世界性。

所以，澳门的特殊地位和特殊优势，不仅体现在它保存了中华传统文化的基因，还在于吸纳了许多西方的元素。这种文化特征，加上我们的话语体系、交流经验和网络，可以为中华文化对外传播做更多的工作，发挥更大的作用。

记　者　今天的澳门，要想在文明交流互鉴中更好地发挥作用，哪些工作需要进一步加强或者深化？

吴志良 我们都说文化的发展要“守正创新”。“守正”方面，对历史文化古迹的保护、对风俗习惯的保存，我认为澳门是做得不错的，但“创新”还远远不够，这跟澳门乡土性的社会结构、文化结构有关系。

我们需要吸纳更多内地和海外的一流艺术家、文学家来这里体验生活、交流思想和展演。历史上，澳门就是知识生产和传播的重要基地，中国第一本葡汉字典、第一部古腾堡式活字印刷机、较早的现代报纸《蜜蜂华报》等都出现在澳门，郑观应、康有为、梁启超、孙中山都在澳门产生了重要的思想。所以，澳门的传统功能如何在当代发挥更大的作用，这是我们要思考的问题和努力的方向。

澳门的城市规模、人口规模都不大，需要更多人跟我们一起去挖掘，使它能够为中国走向世界，以及向世界传播中国文化、中国价值、中国理念做更大的贡献。未来也可以借助澳门进一步深化世界上不同文明之间的交流互鉴。

（余如波）

26

提要

- 中国有56个民族，因此中国的“民族唱法”不应该只有一种
- 文化、艺术是不能用“先进”和“落后”来区分的，更不能用“高”和“低”来评判
- 非遗保护工作最大的成就，就是普及了非遗保护的理念，同时得到了最广大民众的认可
- 很多非物质文化遗产里面，传达的就是中国传统文化最基本的精神
- 创新的前提是什么？对你要创新的这个领域有全面的、深刻的了解，之后你才知道什么是新、什么是旧、问题在哪里

田青

中国艺术研究院音乐研究所名誉所长
中国昆剧古琴研究会名誉会长

人物简介

田青，音乐学家，非物质文化遗产保护专家。现为中央文史馆馆员，十一届、十二届全国政协委员，中国昆剧古琴研究会名誉会长，中国艺术研究院音乐研究所名誉所长、研究员、博士研究生导师。长期致力于中国民族民间音乐的研究，著有《中国古代音乐史话》《音乐通论》《捡起金叶》《禅与乐》等多部著作，2018年出版九卷本《田青文集》。努力打通理论研究与社会实践的壁垒，把琴学、昆曲、原生态民歌及古老乐种重新扶至国家殿堂，为中国民族民间音乐的研究与弘扬作出贡献。

像爱护自己的生命一样热爱民族民间文化遗产

2024年3月，著名音乐学家、文化学者田青的新著《黑指头红花瓣——田青谈艺录》由人民音乐出版社出版，以“闻乐悟道”“寻根承韵”“乐人之魂”“清夜麈尾”四部分，全面展示了艺术尤其是中国古典艺术之美。“这是一本谈艺术欣赏的散文和评论集，挑选了我半个世纪以来陆续发表过的一些小文章，没有长篇大论的学术论文，轻松、好读。”

2018年出版九卷本《田青文集》后，田青又再版了《禅与乐》，推出了新著《中国人的音乐》，年过古稀依然笔耕不辍。其中，《中国人的音乐》先后获得第十八届文津图书奖、第八届“啄木鸟杯”中国文艺评论推优优秀作品等荣誉，受到社会各界关注与推崇。

九卷本《田青文集》

田青为公众所了解，主要缘由是他通过“CCTV青年歌手电视大奖赛”（以下简称“青歌赛”）等平台倡导“原生态”唱法，持续为民族民间文化发声。其实，无论是早年从事民族民间音乐学术研究，还是后来投身非物质文化遗产保护工作，他的关切持之以恒——正如已故著名民俗学家乌丙安评价他："像爱护自己的生命一样热爱民族民间文化遗产并全身心地投入保护事业。"

◆ "我是'杂食性动物'，好的东西都喜欢"

田青出生于天津，在他的童年记忆中，这里充满了民族民间音乐的氛围。他的姥姥经常带他去听戏。耳濡目染之下，田青无意中受到影响，记了不少知识在脑子里。"比如那时候听戏，剧场门口的大牌子上写着'大探二'，后来一问才知道，就是《大保国》《探皇陵》《二进宫》三出折子戏。"田青感叹道，如果没有这样的经历，他可能不会明白什么是"大探二"。上学之后，田青便爱上了音乐，跟年纪相仿的朋友自学乐器，"就是一群人在一块玩，你拉二胡，他敲钢琴，打下一点基础。"1973年，田青考入天津艺术学院（天津音乐学院前身）作曲系，接受了和声、复调、曲式、配器等一系列西方音乐学训练，打下了正规而厚实的音乐底子。

20世纪70年代中期，还在读本科的田青接到任务，要为低年级同学开一门"中国古代音乐史"课程。当时社会上基本找不到这个内容的书籍，为此，学校安排他去中央音乐学院旁听，跟随相关专家学者学习。田青撰写的教案，于1979年到1982年在《音乐爱好者》上连载，1983年由上海音乐出版社出版。他还记得，当时的稿费高达1700元，家里第一台电视机便因此而来。毕业后留校任教，田青负责教授中国古代音乐史；后来读研，他师从中国音乐史奠基人杨荫浏先生，全身心投入民族民间音乐。"我最早研究佛教音乐，就得去采风，跑那些庙的过程中必然也会听到其他的民间音乐。"他觉得，一个人不能"把自己捆起来"，把学术的条条框框看得神圣不可侵犯。"我是'杂食性动物'，既喜欢天津的小吃、陕西的小吃、四川的小吃，也喜欢吃大餐，法国菜、意大利菜都喜欢，只要是好的东西都喜欢。音乐也是这样，从民歌到交响乐我都喜欢。”

◆ 让民族民间文化重新进入人们的视野

2000年，田青担任第九届“青歌赛”评委，因批评“罐头歌手”，呼吁张扬个性，痛斥“千人一声”的学院派民族唱法，引起极大反响。他给那些被训练得音色精致但感情苍白的歌手亮出低分，把高分打给了“原生态”民歌手。一时间，田青从专业人士变成了公众名人。

此后几届“青歌赛”，田青始终不遗余力为“原生态”唱法鼓与呼。“一些评委在为民间歌手打分时，常常以‘没方法’‘唱法不科学’为由而打出较低的分，这其实是一种偏见。”他说，许多少数民族不但有自己的唱法，而且已然形成体系，比如藏族民间唱法“振谷”、蒙古族长调的“诺古拉”。中国有56个民族，因此中国的“民族唱法”不应该只有一种，“这其实是我们自己的、与脱胎于西方的‘美声唱法’不同的另外一个传统。”

2004年第十一届“青歌赛”上，来自云南石屏县龙朋镇的李怀秀、李怀福姐弟以一曲彝族海菜腔《金鸟银鸟飞起来》惊艳荧屏。作为评委，田青打出了整个民族组的最高分，而美声组和通俗组评委也按捺不住激动，不约而同地大声叫好、起立鼓掌。在田青的呼吁下，第十二届“青歌赛”正式设立“原生态唱法组”，李怀秀、李怀福姐弟再度参赛，一举夺得金奖。

“李怀秀、李怀福的演唱，让我们听到了来自自然的声音，传承祖先的声音，他们的声音是美的，音准是好的，最主要是他们唱歌给人带来了快乐。”再次给出最高分98分的田青现场点评道。

“原生态唱法组”打破了“青歌赛”美声唱法、民族唱法、通俗唱法三分天下的格局，不但成为主流唱法之外的另一看点，而且为那些少数民族和成长在田野乡间的民歌手开辟了一方天地，让一些已被遗忘、被边缘化的民族民间文化重新进入人们的视野。多年来，李怀秀、李怀福都把田青当作家人、恩师，他们后来撰文写道，正是田青的话一直激励他们自信地唱歌，让他们懂得了家乡的山歌小调不土、有价值，懂得了民族尊严和自豪感。

◆ 艺不压身，学问更不压身

2001年，昆曲被联合国教科文组织列为“人类口头和非物质文化遗产代表作”。随后，田青开始负责具体执行后续项目的申报工作，由此开启了与非物质文化遗产保护的缘分。

根据联合国教科文组织要求，田青需要牵头制作一部介绍古琴的专题片。“按照一般的流程，首先要写剧本，然后拍摄、剪辑，但是我们只有半个月时间。”他带着助手来到中央电视台的机房，调出所有关于古琴的影像资料看了两天两夜，标记出所需内容，硬是“攒”出了一部片子。

光有这些还不行，片头如何让人印象深刻？经过反复考虑，田青请时任北京白云观道长闵智亭出镜：苍松翠柏，一个白须飘飘的老者在弹古琴，镜头出来非常有震撼力。专题片送到联合国教科文组织后，古琴顺利入选第二批代表作名录。

田青一直都在传统文化中浸染，研究民间音乐，做田野调查。“以前‘非物质文化遗产’这个词都没有，我没有想到会来做非遗保护工作。”田青觉得，“学以致用”是中国文人始终的、一贯的追求，儒家提倡“修身、齐家、治国、平天下”，很少有人愿意把学问局限在书斋里，就看有没有机会或者缘分，“我后来做这些工作也是缘分吧。”

“中国人讲‘艺不压身’，学问更不压身，你有自己的积累、心得，那么当社会需要的时候，就可能学以致用、回报社会。”2006年9月，中国非物质文化遗产保护中心成立，田青任中心副主任兼办公室主任，参与建立了县、市、省、国家四级非遗名录体系，并参与筹备将于第二年举行的首届中国成都国际非物质文化遗产节。“我们用展演的方式，邀请联合国官员到成都考察我国的非遗保护成果，他们看后认为我国非遗资源丰富，而且保护力度大，后来一次性批准了22个项目进入人类口头和非物质文化遗产代表作名录。”

“保守派”自道：“保”护文化遗产，“守”望精神家园

“和”是中国传统音乐共有的特点

记　者　2022年，您出版了《中国人的音乐》，为什么会撰写这样一部面向大众的通俗性读物？

田　青　前两年，我想将我这几十年关于中国音乐的思考写下来，就用3个月的时间一气呵成写了这本书。这本书是通俗性读物，但不能说没有学术性，里面有很多是我几十年研究的结论或者说成果。

还有一点就是到目前为止，我们的音乐学和绝大部分音乐学家研究音乐都是孤立的，根据缘分研究某一个乐种、某一个地区的音乐，甚至某一首乐曲、某一个音乐家，缺乏一种比较全面的、有一定高度的，能够把这些音乐现象、音乐种类、音乐成果联系起来看的视角。研究应该从微观开始才可能深入下去，但是很多人可能很难站在比较高的地方来“俯瞰”。

我过去也是这样，经过几十年的研究之后才略略看到一点全貌，绝对不敢说已经看得完全清楚了。这就像看一幅画一样，需要你退后几步，才能看到一些音乐之间的联系。

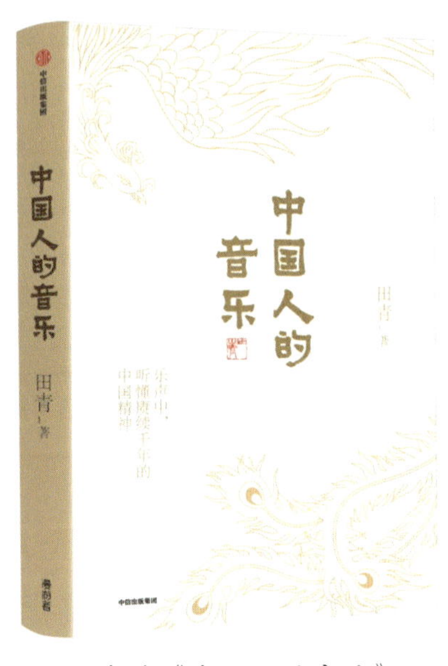

田青著《中国人的音乐》

比如我们研究民歌，陕北民歌、山西民歌、内蒙古民歌分得清清楚楚。陕西也好、山西也好、内蒙古也好，是我们的行政区划，但是民歌有它流传的文化范围。我们讲《打酸枣》是山西民歌，好像陕北人就不唱，《黄河船夫曲》是陕北民歌，好像内蒙古人就不唱，其实不是的。所以一定要经过锲而不舍的长期研究，才可能窥见全貌，这的确需要积累、需要时间。

记　者　在您看来，能否用一个词或者一句话来概括中国传统音乐共有的特点？有没有某种最具代表性的乐器？

田　青　用一个词来概括，这是很危险的事。我们面对的音乐太复杂、太丰富了，很难用一个字、一个词或者几个词来说清楚。

当然，一定要让我用一个字来提炼，就是“和”。“和”就是“和而不同”，就像不同的味道才是好的烹调，一定要有不同的声音才是好的音乐。再说一种具有代表性的乐器。去年第三届“一带一路”国际合作高峰论坛期间，我给几位国家元首夫人介绍中国古琴的时候说，人类发明的乐器不知道有多少种，每一种乐器都是各美其美，有自己的特色和表现力，得到不同的人的喜爱。人类发明的乐器，大都是人的感情从内向外的发散，因为“情动于中，故形于声”。但是除了从内向外，中国人还用古琴来修身养性，来约束自己，让自己的心安静下来，“从外向内”和“从内向外”共同存在于古琴艺术当中。所谓“兴于诗，立于礼，成于乐”，最后主要是通过古琴、通过音乐让自己的人格更完善，所以这的确是古琴非常特殊的一点。

记　者　您在长时间的学术研究、文化推广等工作里面，往往更加关注民族、民间的“原生态”。为什么对这些文化形态感兴趣？它们的价值、意义体现在什么地方？

田　青　我本人是“杂食性动物”，一首好听的民歌、一部好听的交响乐，我都喜欢，在我这里没有价值上的区别。我也一直写文章讲这个问题，文化、艺术是不能用“先进”和“落后”来区分的，更不能用“高”和“低”来评判。艺术的品种、品类不能决定艺术品的高低，每个人都应该树立文化多样性的观念，不要有文化偏见。我也不是没有偏好，比如，我不喜欢听摇滚这种音量太大、节奏太快，在嘈杂的环境里很多人激情投入的音乐。但是从理念上，我很喜欢或者很肯定摇滚，因为我认为这是中国音乐必须有的，它对整个中国乐坛的冲击是正面的。

你喜欢听京剧，不喜欢听评戏，可以，但不能因此认为听京剧的人就比听评戏的人“高”。人们听交响乐也有一个过程，从听一些比较小的、好听的、通俗的入手，比如说柴可夫斯基，后来觉得巴赫比老柴好；或者开始喜欢门德尔松，后来喜欢斯特拉文斯基，都有可能。音乐和艺术有好坏，你也可以有喜欢的、不喜欢的，但是我一直主张不要把它当成价值判断。

推动代表中华民族精神的音乐走出去

记　者　说到传统文化、传统音乐的保护传承、普及推广，您觉得这是音乐学界自己的工作，还是说需要联合更多不同的力量？

田　青　传统文化的保护传承，现在全社会都在参与，包括年轻一代也对传统文化充满热情，从汉服热、古琴热到非遗热，这是个好现象。但是要知道，传统文化、非物质文化遗产非常丰富，不经过认真学习就不能掌握，归根到底要首先把它是什么搞明白。什么是传统文化？《三字经》是传统文化，但只是传统文化非常表层的一部分。讲到传统文化，年轻人包括我们这代人还需要认真补课。

记　者　普及推广其实也是个跨文化课题。不久前去世的著名指挥家小泽征尔曾经评价《二泉映月》说，“这样的音乐，是应该跪着听的”。您认为推动中国传统音乐走出去，可以从哪些方面入手？

田　青　要选择既能代表我们传统文化的精彩部分，又是外国观众需要或者他们能接纳的东西。这就需要我们对传统文化有所了解。在对外交流的过程中，传统文化真正得到外国人喜爱或者说交流成功的，其实是比较少的。中国的音乐，特别是古琴这种具有“从外向内”的特点的乐器，西方音乐没有，我们要把这些东西展示给他们。

还有一点，我们自己的民族音乐，也需要在继承的基础上积累。我有一个观点，人类发明这么多乐器，钢琴、小提琴、古琴是三座高峰。为什么？它们有一个共同点，不但表现丰富，还积累了大量的文献，有一大批一流的甚至超一流的音乐家为这件乐器创作。从贝多芬、莫扎特、海顿、亨德尔一直到现在，多少作曲家为钢琴、小提琴写乐曲；古琴也是，从孔子到苏东坡，这么多一流人才的生命和这个乐器产生了关联。古琴不仅是一种乐器，更能体现中国传统文化的精髓。所以，我们要用这种能够代表中华民族精神的音乐去做文化交流。

记　者　说到传统音乐的传播推广，一些人可能对舞台化和商业化有一定的疑虑，您是怎么看这个问题的？

田　青　首先要讲明白，商业化和舞台化不是一个概念，不能把舞台化都说成是商业化。商业化要讲商业行为，跟舞台化是不同的。很多原生态的音乐，要让更多的人知道，舞台化是一个必然，因为不可能让所有的人都像我那样去做田野调查，更大的可能是把民间音乐人组织起来，让更多的人来听，所以舞台化本身没有问题，而且是必经之路。一个陕北的民歌手，我们都上那儿去听他唱，那不可能嘛，一定要把他请到北京来唱，到了北京就得上舞台。

商业化就是用这个东西来挣钱。我个人从不做和商业化有关的事情，但是别人要商业化，尤其是非物质文化遗产的所有人，我的态度就是可以做。我们不能阻挠非遗的持有者用他所持有的遗产来获取生活资料，或者说养活自己。至于有些商人要把它商业化来挣钱，我是反对的，因为他不是非遗的持有者本人，就可能会改变它，让它受到伤害。

创新的前提是全面的、深刻的了解

记　者　近年来，中华优秀传统文化的创造性转化、创新性发展特别受到重视，在您看来，非物质文化遗产在其中应该占据什么样的地位？

田　青　我曾经有过一个很形象的比喻，说中华传统文化是“三根柱子两层楼”。“三根柱子”是什么？儒释道。现在有个偏见，一提到传统文化言必称儒家，儒家当然是传统文化的重要组成部分，但自古以来不单是儒道互补，佛教也很早就已经中国化了，也成为中华传统文化的组成部分。

“两层楼”也是针对一个偏见：一提传统文化就是精英文化。其实“楼下”的基础是非物质文化遗产，它在中国传统社会所起到的巨大作用是不可忽视的，甚至在有些方面比精英文化影响更深远、更长久、更广泛。

在中国古代社会，人们普遍不识字。可为什么一个普通的农民不但知道春耕夏锄，有生产知识、生活知识，还有丰富的历史知识？为什么还懂得忠、孝、仁、义、礼、智、信，在国家危难之时挺身而出、保家卫国？他听书啊、看戏啊、唱曲啊、过年贴年画啊。很多非物质文化遗产里面，传达的就是中国传统文化最基本的精神。

所以“三根柱子两层楼”这个概念一定要有，绝不能只取其一，排斥其他的东西。今天讲传统文化，不管转化也好、发展也好，首先要全面认识。有一次我在戏曲学院讲课，一个学生问：为什么梅兰芳可以创新，我不可以创新？我说：梅兰芳会六百出大戏啊，你要是连三出折子戏都没学会，你知道什么是新、什么是旧？你奶奶烙馅饼，馅在里头、皮在外头，你要把馅放在饼外头，那叫创新？那是比萨，意大利人吃了上千年了。创新的前提是什么？对你要创新的这个领域有全面的、深刻的了解，之后你才知道什么是新、什么是旧、问题在哪里。

记　者　*您觉得非遗保护这项工作目前取得的最大成效是什么？哪些方面还不足，或者说面临困难、瓶颈？*

田　青　让千千万万普通老百姓知道了什么叫非物质文化遗产，让他们自觉地参与到这个文化行为里边去了，这是任何其他文化工作都没有达到的。编一出新戏，能做到让成千上万的人都看吗？不可能啊。所以非遗保护工作最大的成就，就是普及了非遗保护的理念，同时得到了最广大民众的认可。

但是在保护过程当中，也存在很多具体的问题。一些地方“重申报、轻保护”，把申报作为重要的内容甚至唯一的内容，一旦申报成功，就大张旗鼓地宣传，真正的保护没人做；另外就是出现了很多“假非遗”和“伪非遗”，借着非遗的名号来做商业性的行为；还有就是用所谓的发展代替了传承和保护，让一些非遗变得不伦不类了。随着大家对非遗认识的深入，随着我们非遗保护工作的深入，我相信这些问题会逐渐得到解决。

记　者　四川是文化大省，也是非遗大省，中国成都国际非物质文化遗产节已经在成都举办了八届。在您看来，四川应该怎样进一步加强非遗保护，推动四川文化走出去？

田　青　四川是非遗大省，你刚才讲的非遗节，第一届我就参与了，演出的节目单最后也是我定的。我提出要有四川金钱板，当时那个老传承人是盲人，演得绘声绘色，所有人都被他吸引，非常精彩。我还提出来一定要由川剧压轴，一定要选一个剧目，有变脸，还要把为什么要变脸、什么人要变脸讲清楚，后来选了一段《水漫金山》，把变脸还原到川剧里边去。

在保护非遗的过程当中，我还是首先强调传承，把最好的东西传承下来，“慎谈发展”。弄明白非遗好在哪，哪些地方可以发展，哪些地方不可以发展，DNA不能变，在这个基础上才能谈发展。擦点雪花膏是可以的，但把整个脸都弄白了，把自己的DNA都改了，那是严重缺乏文化自信。有些人说我是“保守派”，我对这个头衔特别喜欢。什么叫保守？“保”就是保护文化遗产，“守”就是守望精神家园，这就是保守派的“夫子自道”。

（余如波）

27

提　要

- 红色文化具有4个鲜明特征：人民性、实践性、斗争性、开放性
- 在不断被赋予新内涵的同时，红色文化还体现出历史的连续性和文化的继承性
- 把红色文化融入思政课中，讲好中国共产党的故事，讲好革命斗争的故事，对于发挥思政课的育人作用具有重要意义
- 红色文化是对中华优秀传统文化的继承和发展，是对中华民族精神的再塑造
- 弘扬传承红色文化应当注重利用文化资源、树立文化符号

王炳林

中央马克思主义理论研究和建设工程首席专家、北京师范大学中共党史党建研究院院长

人物简介

王炳林，北京师范大学马克思主义学院教授，博士生导师。现任北京师范大学中共党史党建研究院院长，国务院学位委员会学科评议组成员，中华人民共和国国史学会副会长。长期从事中共党史、党建和大学生思想政治理论课等方面的教学和研究工作。参加中央马克思主义理论研究和建设工程，任课题组负责人、首席专家。

一个故事能影响一生，这就是红色文化的魅力

王炳林教授最近一次来四川是2023年底，到西南交通大学参加会议。几年前，西南交通大学启动了“汶川特大地震抗震救灾精神口述史”的重大课题项目，王炳林受邀作为学术顾问参与到项目中。为什么会参与这个项目？2021年，党中央批准了第一批纳入中国共产党人精神谱系的伟大精神。“以伟大建党精神为源头的中国共产党人精神谱系是我们宝贵的精神财富。”王炳林说，第一批纳入精神谱系的伟大精神中就包含抗震救灾精神，“这些年来我一直从事伟大精神的研究，西南交通大学在这方面有研究基础，所以我很愿意去交流。”

在王炳林看来，伟大的抗震救灾精神作为社会主义先进文化的重要内容，不断充实和丰富了红色文化的内涵。那么怎样来定位和认识红色文化？又该如何传承弘扬它？初春时节，记者前往北京专访王炳林教授。

◆ 红色文化在传承弘扬过程中被不断充实内涵

说起红色文化，王炳林的思绪回到了1985年，那时他正在北京师范大学马列所攻读硕士学位。当年，王炳林参加了学校组织的一次红色教育实践考察活动。

“读万卷书行万里路，学党史你就要沿着党史路线走一走。”王炳林和几个同学沿着红军长征的线路，去了瑞金、遵义、延安等地。也是在这

次实践考察过程中，他第一次去泸定桥。

王炳林回忆，他站在泸定桥上，低头是奔涌湍急的大渡河水，抬头是两岸高耸陡峭的山崖，用手触摸冰冷光滑的铁索，“只有身临其境才能体会到，当年红军长征是多么艰难。”

这种艰难，王炳林从出发往泸定的路上就已经感受到了。“我们先到成都，从成都坐长途客车到雅安，住了一晚后又坐车翻过二郎山。”王炳林说，坐两天车已经让他觉得漫长，“红军靠的可只有两条腿。”时过境迁，最近一次再去泸定桥，雅康高速公路已经通车。王炳林说，现在的人已经不需要再走红军当年的路，但如果没有红军走过那些路，也就不会有今天的通途。“这其实就是一种红色精神、红色文化的传承与印证。”

“很多人一提红色文化就想到曾经的革命年代。”王炳林认为，在新民主主义革命时期，中国共产党领导的革命斗争是红色文化的重要来源，但红色文化的内涵远不限于此。在社会主义革命和建设、社会主义现代化建设和改革开放历史进程中发展形成的社会主义先进文化也是红色文化的重要内容。王炳林介绍，西南交大的“汶川特大地震抗震救灾精神口述史”项目，采访了几百位曾经参与抗震救灾的干部群众，整理出300多万字的资料。这些资料中有许多鲜活的人物故事，他们身上表现出来的万众一心、众志成城、不畏艰险、百折不挠、以人为本、尊重科学的精神，都是当代社会主义先进文化的体现，也是红色文化的体现。“而且这种精神的传承是有客观存在来印证的。”王炳林说，他去过重建后的映秀、北川，参观过“5·12”汶川特大地震纪念馆，崭新坚固的楼房、重新绽放的笑容……纪念馆中的实物展示和照片对比，从中都能直观感受到灾后恢复重建带来的巨变，展现出中国共产党团结带领中国人民战胜一切艰难险阻，共同创造幸福美好生活的精神力量。

王炳林认为，在不断被赋予新内涵的同时，红色文化还体现出历史的连续性和文化的继承性。

“七一勋章”获得者、党的二十大代表、丽江华坪女子高级中学校长张桂梅是王炳林经常提及的人物，其事迹也被他认为是弘扬传承红色文化的一个非常生动的事例。

“张桂梅大家都耳熟能详了，她拖着柔弱疲惫的身体，顽强地坚持她的事业，帮助许多大山里的女孩圆了大学梦，她的精神支撑是什么？”王炳林说，他看过关于张桂梅的资料，张桂梅在许多场合都提到一个名字——江姐，她视江姐为自己一生的榜样，学习江姐的精神，学习红岩精神，用江姐的故事激励自己，教育学生。

“我觉得张桂梅的故事就体现了红色文化育人的巨大作用。”王炳林说，张桂梅立志成为新时代的江姐，江姐的精神激励着她的成长，她又把这种精神再传递给学生，红色文化就这样一代一代地传承下去。

◆ 高校是红色文化传承发展的重要阵地

近段时间，王炳林主要在做两件事情。

作为中共党史研究领域的专家，王炳林牵头承担了一个国家重大课题“研究伟大建党精神与中国共产党人精神谱系的关系”。

“研究党史和研究其他历史一样，是常做常新的。”王炳林说，首先中国共产党还在不断书写新的历史，即使是过去的，也要不断从新的角度进行解读，“例如过去没有伟大建党精神的说法，现在提出来，这是对党的历史认识深化的结果，研究伟大建党精神是如何形成和传承的，就是一种新的角度。过去没有提出‘两个结合’的概念，现在提出来，那么中国共产党在‘两个结合’中发挥什么样的作用？这也为党史研究提供了新视角。”

王炳林介绍，他研究这个课题已经两年多了，初步形成了一些成果。他最近发表的一篇文章，从学理上思考辨析红色文化与革命文化的关系，也是课题内容之一。

第二件事与教育有关。2022年，国家正式设立了中共党史党建一级学科。这意味着中共党史将不再是政治学下面的二级学科，而是像教育学、政治学等一级学科一样，可以进行单独招生。王炳林透露，目前一些高校正在进行学科申报、机构设置、人员组织等工作，预计很快就将启动招生。

王炳林认为，设立中共党史党建一级学科，无论是对于培养新时代高水平的党史党建人才队伍，还是推动将党史学习教育融入高校育人全过程，进一步发挥高校弘扬传承红色文化的作用，都具有重要意义。从1986年硕士毕业留校以来，王炳林职业生涯的大部分时间都与高校的三尺讲台相关。他讲授的思想政治理论课程（以下简称“思政课”）先后被评为北京市和国家级精品课程。除了在北师大从事党史研究和任教，王炳林还担任过教育部高等学校社会科学发展研究中心主任。对于红色文化的传承发展，王炳林认为高校发挥着非常重要的阵地作用。

“随着高等教育的普及化，应该说大多数青年都能够接触到高等教育。”王炳林介绍，在高等教育中，传承红色文化的重要途径就是思政课。高校思政课特别是中国近现代史纲要中，有许多中共党史上的重要会议、重要事件、重大历史转折等内容，通过课堂讲述让学生感受到革命斗争的艰辛和党的精神伟力，“把红色文化融入思政课中，讲好中国共产党的故事，讲好革命斗争的故事，对于发挥思政课的育人作用具有重要意义。”

怎么讲好思政课？王炳林总结了9个字的经验——做研究、抓重点、讲故事。

“教育不是简单的政策宣传。”王炳林说，首先要研究红色文化的内涵，充分把握它的价值，增强它的学理性。红色文化资源很丰富，不可能面面俱到，也不能蜻蜓点水，要抓住某些典型去讲深讲透。特别是要善于用讲故事的方式来引发共鸣，入脑入心。“一个故事能影响一生，这就是红色文化的魅力。”王炳林说。

讲好红色故事，传承红色文化

记　者　红色文化是多年来的一个热词，请问您如何定义红色文化？

王炳林　我认为，红色文化是指在马克思主义传入中国后，尤其是在中国共产党领导全国各族人民在革命、建设、改革的历史进程中逐步形成和累积的，具有先进性的，可发挥资政育人功能的物质文化和非物质文化的总和。我们一般讲红色文化，更强调的是一种精神力量，强调理想信念、意志品质、价值追求，等等，从这个意义上来讲，红色文化是一种精神动力。

记　者　您认为红色文化有哪些特征呢？

王炳林　我认为红色文化具有4个鲜明特征。

第一是人民性。红色文化体现了中国共产党的价值追求，为中国人民谋幸福，为中华民族谋复兴，它跟党的初心使命是一致的，所以说它体现了一种人民性，为人民谋福祉，体现了人民的立场。

第二是实践性。红色文化不是坐在书斋里研究出来的，它是在革命斗争实践中形成的，是我们党取得的伟大成就的一种文化体现，所以它有鲜明的实践性，有深厚的实践根基。

第三是斗争性。它体现了中国共产党人不怕牺牲、英勇斗争的精神，一种开拓进取的精神。我们的红色文化是引领人民前进的一种强大的精神动力，所以它的斗争性也是非常强的。

第四是开放性。红色文化不是封闭的，它是我们党把马列主义跟中华优秀传统文化相结合的产物，同时也吸收了人类文明的优秀成果。我们知道，中国共产党的先驱们在创立中国共产党的时候，就吸收借鉴了人类文明的一些优秀成果，我们党的很多创始人曾经到国外留学，学习了马克思主义，也吸收了人类追求民主自由这样一种共通的价值理念。所以我们说今天弘扬红色文化，也是在吸收人类文明优秀成果的基础上去发展、去创新的。

记　者　您如何看待红色文化对中华优秀传统文化传承发展的作用和意义？

王炳林　我认为红色文化是对中华优秀传统文化的继承和发展，它起到一种承上启下的作用。所谓承上是承接着中华优秀传统文化的一些优秀品质，例如党的二十大报告中提到的天下为公、民为邦本、

王炳林出版的著作

为政以德、革故鼎新等中华文明的智慧结晶，以及它们体现出来的中国人民在长期生产生活中积累的宇宙观、天下观、社会观、道德观等内容，在红色文化中都有传承。同时，红色文化又是我们开创未来，发展社会主义先进文化的一个重要动力，它在传承中华文化的过程中弘扬了优秀传统文化，为社会主义先进文化的发展开辟道路，这非常重要。

红色文化是对中华民族精神的再塑造。中华民族自古以来就有自强不息、勤劳勇敢、爱国爱家等民族精神，这些精神本身很伟大。但在近代由于帝国主义的入侵，身处半殖民地半封建社会，让我们的民族处在一种涣散状况下，是马克思主义的到来，是中国共产党的领导，让红色文化注入我们的民族精神中，带来强大的动力，让我们的民族文化重新得到塑造，让我们民族精神由被动转为主动。

同时，红色文化是我们立党兴党强党的精神滋养。弘扬红色文化，特别是弘扬伟大建党精神，是加强党的思想建设，推动党的自我革命的强大动力。另外，红色文化对于鼓舞中国人民的斗争精神也发挥了至关重要的

王炳林出版的著作

作用。实现中华民族伟大复兴要靠广大人民的共同努力，共同努力需要一种精神的支撑，红色文化就能提供这样的支撑。

记　者　*您如何看待当前存在的一些过度消费、曲解红色文化的现象？*

王炳林　这是应该引起高度重视的问题。像这样一种过度消费，特别是对历史人物、历史事件庸俗化、娱乐化呈现的倾向，应该是要坚决反对、坚决避免的。这种现象实际上是不尊重历史、亵渎历史的，是没有用科学的世界观、历史观去看待历史的结果，某种意义上带有一种历史虚无主义的倾向。

我们研究历史应该坚持唯物史观和正确党史观，坚持实事求是的原则。应该从客观事实出发，去研究我们当年究竟是怎样取得胜利的。那是历尽千辛万苦、集中群众智慧、在科学理论指导下，在共产党的坚强领导下才能够实现的。我们之所以付出那么大的牺牲，是因为敌人很狡猾很残忍。我们用更高的智慧去战胜敌人，而不是因为敌人很愚蠢。存在这样的现象原因很多，一方面是一种历史虚无主义的体现，也不排除别有用心的故意抹黑，另一方面是迎合低级娱乐的需求。

记　者　*应该如何应对这些问题呢？*

王炳林　我认为首先要树立正确的党史观。之所以存在历史虚无主义，之所以出现庸俗化、娱乐化的现象，很重要的就是历史观在起作用。历史是客观存在的，但后人如何评价是主观的，都是有一定的立场来支配的。我们应该加强唯物史观和正确党史观的教育，站在中国人民、中华民族的立场上看待历史。对于一些不良的现象，我们要去引导，加强教育宣传，对于一些触犯法律的情况要加强惩治管理，多层次地引导治理，形成正确的导向、良好的氛围。信仰是很神圣的事情，不容亵渎。

中央明确提出，要让中国共产党历史展览馆成为展示中国共产党奋斗历史的精神殿堂。“精神殿堂”，这四个字的分量很重。我们要把这类展现红色文化的场馆当作精神殿堂，我们要怀着崇敬的心情去缅怀先烈，去继承他们的遗志，传承他们的精神。不久前中共中央印发《党史学习教育工作条例》，其中明确提出要旗帜鲜明反对历史虚无主义等错误思潮和观点，坚决抵制庸俗化、娱乐化，防止“低级红”“高级黑”，这应该是我们在宣传弘扬红色文化中需要高度关注的问题。

记　者　您认为当下应该如何传承弘扬好红色文化？

王炳林　首先，传承弘扬红色文化应当体现特点、抓住重点，尤其是注重发挥其党建和育人功能。弘扬红色文化，应当深入研究党员教育与历史的关系，党员干部要认真学习党史、新中国史、改革开放史、社会主义发展史，把握历史规律、看清历史本质、发挥历史主动，为实现中华民族伟大复兴而不懈奋斗。以红色文化育人，应当增强社会主义核心价值观的引领力、体现中国特色社会主义思想的说服力，使青年感知红色政权来之不易、新中国来之不易、中国特色社会主义来之不易，明辨“中国共产党为什么能，中国特色社会主义为什么好，归根到底是马克思主义行，是中国化时代化的马克思主义行”，培养堪当复兴大任的时代新人。

其次，弘扬传承红色文化应当注重利用文化资源、树立文化符号。红色文化的外延十分丰富，人物是承载这些文化形式的灵魂。遗迹、文物、思想、事件、精神等因为承载着人的实践而变得鲜活动人。语言是红色文化的重要载体，口号性、标志性的语言能够有效促进思想、精神、故事、情感、品质的传播。因此，提炼红色文化中的标志人物、标志用语，树立文化符号对于促进文化传播、增强文化认同有着重要的作用。

最后，弘扬传承红色文化应当注重把握时代、发展传承。只有被不断继承与发展的文化才是活的文化。红色文化的传承创新应当以人为主体，在党和政府的引领下，鼓励社会各界广泛参与文化传承，并且在新的实践中提炼新的文化，形成教育、理解、认同、践行、发展的协同机制。红色文化作为中国特色社会主义文化的重要方面，应当在发展中吸收、容纳其他优秀文化以体现自主、彰显自信、丰富自身。

记　者　四川红色资源丰富，对于挖掘利用好这些资源您有何建议？

王炳林　四川是红色文化的宝库，红色资源非常丰富，在挖掘和利用上也有很多亮点。我觉得要更上一层楼的话，需要注入一些新的元素，进行一些新的打造。例如从整体上去谋划红色资源，哪些是我们的亮点、重点，不同的资源体现哪些不同的特征，对某一处历史遗迹，它在历史上的定位以及今天的现实意义有充分的认知，在这个基础上找准定位、深入打造，挖掘它的时代价值。红色资源的挖掘和利用，要注重实效性，一定要给人留下深刻印象。例如井冈山的挑粮小道，就这一个地方一个点，就把井冈山精神诠释得非常生动。四川也有类似的地方，例如我去过泸定桥，身临其境的感觉是不一样的，如果能以点带面做一些整体规划就比较好。

另外，红色资源重在利用，发挥它的现实作用。我们怎样把红色资源跟党员干部教育有机结合，跟学校的思政课教学有机结合，跟当地的经济社会发展有机结合。我觉得应该从这三个结合上去认真探索，这可能是我们今后努力的一个方向。

（付真卿）

28

提　要

- 科学不是为了寻找一个独一无二的真理，我们要把历史上各种错综复杂的情况、各种偶然性、各种想象、各种灵感揭示出来，给大家指导、启发

- 历史不是死的，不是摆在那里、固定在那里的东西，它呈现给当今的意义、价值是由我们去讲述的，也就是说“一切历史都是当代史”

- 科学革命、科学进步不是简单的事实的“堆积”，而是范式的转变，是“观察世界、解释世界的方式”的转变

- 人文和科学一点都不矛盾，我们要鼓励两者的交融、交叉，而科学史恰恰是沟通科学与人文的桥梁

孙小淳

中国科学院大学人文学院院长
中国科学技术史学会理事长

人物简介

孙小淳，中国科学院大学人文学院院长、教授，国际科学史研究院院士。中国科学院理学博士和美国宾夕法尼亚大学哲学博士。曾任国际科学技术史学会执委、国际哲学与人文科学理事会执委。现任中国科学技术史学会理事长，国际天文学联合会教育、科普和遗产分部执委，国务院学位委员会科学技术史一级学科评议组召集人等。著有《汉代中国星空》及多篇学术论文，主编《跨文化的天文学》《宋代国家文化中的科学》《文明的积淀：中国古代科技》等书。

走进历史文化深处
领略中国科技文明之河的“河岸风光”

浑天仪模型、罗盘……北京石景山，中国科学院大学玉泉路校区，孙小淳的办公室里有不少中国古代科技的痕迹。此外，一本《文明的积淀：中国古代科技》样书也摆在他的案头，即将付梓印刷。

作为中共中央宣传部2023年主题出版重点出版物之一，《文明的积淀：中国古代科技》由中国科学院大学人文学院院长、中国科学技术史学会理事长孙小淳编著。该书从文明的视角看中国古代的科技，从知识的创造和运用两个方面介绍中国古人的创造性思维，以及利用知识为人的需求服务的人本思想和科学探索精神。从一名天体物理专业本科生出发，孙小淳已在科学史研究的道路上探索了差不多40年，其思路也从早期采用数学方法分析古代天文学资料，转变为越来越多地从历史、社会等视角切入、分析

孙小淳出版的著作

问题。“一种文明的优越性，不应该仅仅以一些科技思想和发明为标志，而是要考虑到社会、政治与文化的许多方面。”在他看来，如果要了解古人，就必须用古人的方法来思考。科学史为我们呈现的，正是一个充满了文化与社会等多元维度的世界。

◆ 踏上科学史之路

以科学精神、科学方法探索天文学

孙小淳横跨文理的科学史之路，起步于一个纯理科专业。1980年，年仅15岁的他考入南京大学天文学系天体物理专业。毕业后留校做辅导员。

在工作中，孙小淳认识了他的第一位导师、南京大学天文学系原主任卢央，在其影响下开始阅读康德的《纯粹理性批判》、李泽厚的《美的历程》、列维-斯特劳斯的《野性的思维》等著作。“对我的影响、冲击很大，一步步地，我就对文史哲感兴趣了，后来就追随卢央老师读了天文学史的研究生。”

中国古代天文学非常发达，特别是有大量的天象记录，有很多课题可以深入研究。孙小淳举例，中国古代有“客星”的记载，意思是星空中突然出现了一颗星，亮度非常大，甚至达到月亮的水平，好比“天上来了一位客人”，过几天又消失了。“今天我们知道，恒星演化到最后的阶段，会发生超新星爆发。古代所说的‘客星’就是‘超新星’。古人留下了记录，让我们知道了超新星爆发的时间，并可根据观测推算它的尺寸、爆炸速度等物理参数，有助于我们今天建立恒星演化的模型。”一开始，孙小淳从科学的角度探究天文学史，把它作为现代天文学的先声，认为对现代天文学研究具有重要意义和价值。

当时孙小淳认为，今人对天文学感兴趣，天文学史才有价值。在20世纪80年代“文化热”的氛围中，孙小淳走进了一个全新的世界，周易、八卦、星命、奇门遁甲……这些或雅或俗的传统文化知识，都成为他接触、了解的对象，思考和研究的触角也逐渐展开。在导师的启发下，孙小淳对中国古代的恒星观测产生了极大兴趣，将硕士论文题目选定为“北斗星在中国占星学中的意义”，以科学精神、科学方法对有较大争议的占星术展开探索。

◆ 求学中、美顶尖学府

两篇博士论文展现学术思想嬗变

孙小淳曾先后攻读了两个博士学位：中国科学院理学博士和美国宾夕法尼亚大学哲学博士。中间间隔了十多年，为此完成了两篇不同领域的博士论文。硕士毕业后，在卢央的推荐下，孙小淳进入中国科学院自然科学史研究所，跟随天文学史专家薄树人攻读博士。当时，薄树人先生跟荷兰方面有一个合作培养项目，对方是荷兰著名的物理学家，对中国古代星空感兴趣，希望找一个中国助手，孙小淳便被派往荷兰阿姆斯特丹从事相关学习研究。

在荷兰一年多的学习和工作是短暂而快乐的。孙小淳回忆，当时他住的是哥白尼街67号，去实验室走过的是开普勒街、惠更斯街等，仿佛冥冥之中他与天文学史结下了不解之缘。孙小淳在那里完成了博士论文《汉代中国星空》。后来与导师合作修改博士论文，于1997年在荷兰以专著形式出版。该书确定了中国最早的星表《石氏星经》的年代，还对中国古代的星图进行了复原，“当时我也不知道这个工作有多重要，我的导师说，时间越久越能显示出价值。”现在，国际天文学联合会（IAU）进行恒星星名整理，英文版的《汉代中国星空》就是很重要的参考，“在这个意义上，我们传承了中国星空探索的传统。”回国后，孙小淳参与了包括“夏商周断代工程”在内的课题研究，以及《中国科学技术史》的编著工作。逐渐地，他开始意识到传统科学史研究的局限性：注重考证，往往只是为了证明中国古代有科学，在某些方面领先；常常以现代科学概念套古代思想，免不了牵强附会。

1999年，孙小淳赴美国宾夕法尼亚大学访学，“去了之后，觉得干脆读一个学位吧。”8年间，他逐渐强化跨学科视野，最终完成了又一篇博士论文《国家与科学：北宋的科学创新》。孙小淳说，中国古代各门科学的进展，都跟国家的需求联系在一起，比如天文学可以确定皇帝的权威，制定好的历法就表明统治很有水平，“没有好的历法，天象推算不准，表明国家治理就有问题了，这就是为什么古代重视天文历法的研究。”

◆ 在平凡中见伟大

而非纠结于“科技发明优先权”

美国的学习经历，让孙小淳接触到了哲学、社会学、人类学等领域的知识和视角，从比较纯粹的数理分析层面，跨越到更加人文、社会的层面。“这时候我的兴趣就很广了，包括中西科学交流，比如明清时期的天文学交流、古希腊跟中国的宇宙观的比较，等等，研究很多有意思的课题。”

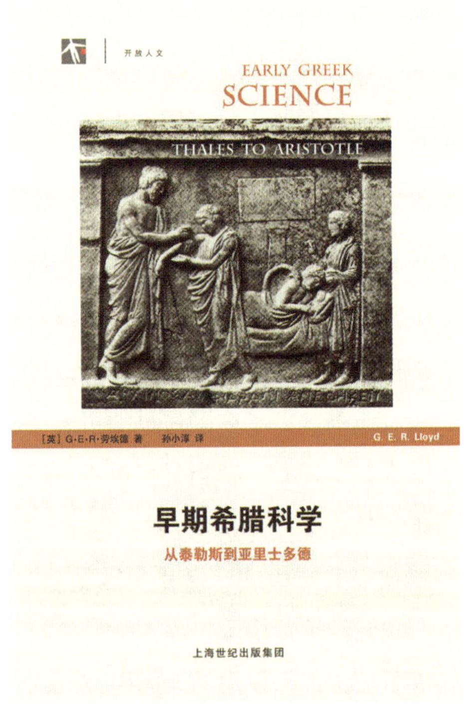

孙小淳翻译的著作

在美求学期间，托马斯·库恩的《科学革命的结构》给孙小淳带来强烈的震撼。“在某种意义上，这本书认为科学不是追求新的东西，科学活动是在某种常态、某个范式下进行的，科学家的大部分精力用在维护已有的范式、已有的理论。但是，恰恰是因为这样的维护，才使得科学有真正深刻的突变。为什么呢？正因为你坚信，才能够去探索那些最深奥的问题。”

因此，在托马斯·库恩看来，大部分科学家做的是“修修补补”的工作，日积月累之下，异常的情况逐渐增多，才开始有人思考其他竞争性的理论。科学革命、科学进步不是简单的事实的堆积，而是范式的转变，是“观察世界、解释世界的方式”的转变。孙小淳意识到，如果科学是这番图景，那么科学史研究也要随之改变。“不再过于关注那些所谓的科学史上的重大突破，科学史可以关注很平常的事情，在平凡的东西中见伟大，而不只是纠结于追求‘科技发明优先权’。”

相比于著名科学史学者李约瑟用“百川归海”来比喻世界各文明中的科学知识与近代科学的关系，认为近代科学如大海般具有普遍性、世界性和客观性，孙小淳更在意“溯流而上，领略‘河岸风光’”，也就是探讨中国文明之河中的“知识流水”是如何在中国的土壤中产生并滋润中国社会与文化的。“中国古代在探求自然知识方面达到了什么样的水平？如何把科学知识富有成效地应用到国计民生和社会发展？一旦这些问题被提出来，我们对中国科技文明的历史研究可能就进入一个新的境界。”

访谈

要让科学呈现更全面的图景，这样才能丰富我们的想象力

培养有想象力、创造力的人才
科学史可以发挥重要作用

记　者　您能否对科学史作简要介绍，它的主要研究领域、对象是什么？

孙小淳　科学史，顾名思义就是科学技术的历史。它首先是数学、物理、化学、天文、地理等各个学科的学科史，也就是这门学科历史上的情况，它如何走到现在。比如古代要制定历法，要对天体运动进行解释，我们去研究古人对天文的认识，中国人、古希腊人、古埃及人怎么看，怎么从地心说发展到日心说，就是天文学史。

但是科学史不光研究这些问题。从今天来看，科学在社会中占有十分重要的地位，这就涉及科学与社会的关系问题。日心说的出现，引起人们思想观念的重大变化，不再以为人处在宇宙的中心，一切围绕着我们转；进化论引发了社会达尔文主义，以及“适者生存”“落后就要挨打”这种社会思潮。反过来，社会的很多因素也可以影响科学的发展：重视、支持什么研究，经费从哪里来，在哪里发表论文，采用什么样的评价制度，等等，都在影响科学的进程。所以，科学与社会的互动关系也是科学史很重要的方面。

科学是人的活动，在历史上留下了痕迹。比如，四川的都江堰是怎么建造起来的？考虑了哪些水文、地理等因素？为什么要建造都江堰？它达

到了什么样的效果？科学跟我们的社会、经济、文化、艺术、宗教各个方面都可以有关系，它作为一种人类的活动，也是科学史研究一个很重要的内容。

所以科学史的内涵有很多方面。国务院学位委员会确立的科学技术史的二级学科，就包括了科学史、技术史、农业史、医学史、科技考古与文化遗产保护、科学技术与社会等研究方向。

记　者　科学史研究的意义、价值主要体现在什么地方？它最大的魅力是什么？

孙小淳　中国古代天文学比较发达，天文学史是学科史里面比较典型的，我们做历史研究，有时候可以借用天文学的手段。比如武王伐纣究竟是哪一年？古籍记载了当时的五星若连珠、五星聚于房等天象，我们就用天文学的手段推一推，帮助确定殷商灭亡、西周建立的年份。

中国的医学史、农学史，材料也非常丰富。中医从《黄帝内经》《神农本草经》一路走来，有各种方书、药书、对人体的认识；农学更是如此，中国是个农业文明国家，有那么多的农书告诉你什么时候种什么、什么时候播种、种子怎么培育、怎么嫁接，还有各种农业机械，这些都同科学有关系。

人的寿命很短，近代科学也不过是几百年的事情，古人对自然、对事物的观察给我们留下了长时段的记录，比如古代观测到的超新星爆发、气候的变化、灾异等，这些都可以为现代科学研究提供宝贵的观察数据。

历史不是死的，不是摆在那里、固定在那里的东西，它呈现给当今的意义、价值是由我们去讲述的，也就是说“一切历史都是当代史”。历史跟现在联系在一起，甚至跟我们如何看未来也联系在一起，它是一个故事、一个对我们有意义的叙述。从这个意义上来说，科学史就非常有意思了。

记　者　对于今天的学生尤其理工科学生来讲，拥有人文视角有什么好处？

孙小淳　我们要理解一门科学，知道它的历史往往是很重要的。比如，量子力学、相对论很抽象，一开始可能概念都不清楚，可是讲它的历史、讲最初的那些人怎么思考问题，就可能帮助我们理解。但是我们现在往往忽略这些，很多人认为“我已经比古人厉害了，还能跟古人学什么呀”。我们要把科学知识产生的过程、它里面错综复杂的妙处展示出来，这样的东西是最能启发人的，特别是启发你去问新的问题。

我们要培养有想象力、创造力的学生甚至科学家，科学史可以发挥很重要的作用。书本上整齐划一的公式不是科学的全部，科学家在探索的过程中，曾经有很多别的想法，走了很多“死胡同”。而且，并不排除过去认为某条路是错的，将来它又有了新的生命的情况。科学不是为了寻找一个独一无二的真理，我们要把历史上各种错综复杂的情况、各种偶然性、各种想象、各种灵感揭示出来，给大家指导、启发。

要用历史的态度看待科学
不能以现在的标尺去衡量

记　者　近年来，中华优秀传统文化的创造性转化、创新性发展受到高度重视。在您看来，传统文化中的科技内容，其主要价值体现在何处？

孙小淳　往小的说，证明中国古代也有科学；往大的说，就是文化自信问题。近代以来西方科学处于领先地位，造成一种错觉，好像中国古代没有科学，或者不过是一些简单的技术，没有什么理论。古代的车跟现在的高铁当然没法比，就像一个小孩跟一个成年人去比谁的力气大。所以要回到我们的文化当中，去看古人在做什么样的探索，有什么样的好奇心，进行着什么样的尝试，构建了什么样的理论，这才叫科学史。

比如，不能因为中医有的药效不如西医，就说中医不是科学。你生病了，中医也试图通过观察症状，用一套药物来治疗，只不过有些药物在今天看来有点奇怪。为什么奇怪？可能其中有一些我们今天不以为然的思想的影响，比如“吃什么补什么”，这是基于一种类比的想法，在今天看来不那么科学，但它是早期科学探索的重要方法。

中国古代观测天体，观测“五星”的运动，观测彗星、小行星、行星之类的，不是科学活动吗？古人有很多有意思的测量，比如要制地图，测远、测高，不就靠三角测量、靠勾股定理吗？数学上一点问题都没有，否则，汉代那么准确的地图怎么测得出来呢？这些都是我们中国古代的科学。

如果我们搞科学史，还认为只有西方才有科学，这不就意味着我们不配做科学？那还谈什么文化自信？所以认定中国人不会观察、没有科学思想、没有科学的基因，就是自我矮化。

记　者　对中国传统科技文化进行创造性转化、创新性发展，有哪些可行的方法、途径？

孙小淳　中国文化中的理论，是不是可以考虑用来对现代科学进行重新构造？也就是说，用我们自己的语言、传统的概念，对已有的东西进行重新思考、重新表述、重新组合，这本身也是有创造性的。在这个过程中，如果能够把中国传统的文化、语言、思维结合进来，不就是创造性转化了吗？

但是一些人会非常鄙视，认为那都是很落后的东西，根本没想到我们对世界的认识有不同的概念、不同的框架。你就能保证现代科学是唯一的、最好的，不存在其他可能了吗？现在有不少人意识到这一点，越来越多地从整体、从关系去把握，越来越考虑到东方哲学、东方思想的重要性了。所以，是不是可以考虑把现有的东西用我们的框架做一次融合？结果是什么样不知道，但它一定会丰富我们自己文明的内涵。

记　者　中国古代科技发展中形成的一些观点、结论，可能在今天已被证明不正确或有其局限性。对这一部分内容，我们应该抱以怎样的态度?

孙小淳　已经被证明不正确的，也要知道古人是在什么样的前提下，做了什么样的观察。科学总是推翻前面的理论，比如日心说取代地心说，现在我们知道日心说也不对，银河系甚至宇宙根本就没“心”。但我们不能说地心说、日心说都不是科学，要用一种历史的态度来看待，不能以现在的标尺去衡量。

中国古代是盖天说，认为天地平行，根据圭表测影确定的太阳的高度是8万里。这是一种宇宙论的构造，我们构造了一套模型，用来解释昼夜变化、日出方位，听起来很有道理。这个理论当然过时了，但是我们不能因为它过时了，就说它不是科学的理论。我们可以跟现在比较，但一定是回到当时的情境下，看古人是怎么样来思考的。所以我们要对古人的思维方式进行理解，不能因为跟今天的理论不一样，或者预测没有今天那么准，就说它没有科学价值、科学意义。公众对科学的认识，对与错是很重要的方面，但是它不是唯一。古人为什么产生这样的想法、采用这样的模型，这里面的创造性才是最有意思的。

科普是有多个层次的，到了高中、大学这种层次，应该有更高的要求，以启迪思考、丰富想象力为目标，而不仅仅是记几个正确的数据、正确的结论。张衡的地动仪，有人说是伪造的，根本测不准，测不准就失去意义了吗?他能想到用这样一个装置监测地震，本身就是个壮举，而且要把它做得很精密、灵敏度很高，里面有很大的学问。把它说成是一个骗局，认为张衡在造假，这完全就是历史虚无主义。

科学普及、科学教育要多样化

用传统文化体现特色

记　者　如今，面向公众的科技活动有很多，各种科技馆、天文馆、动物馆都很热闹，很多人对博物学也很感兴趣。您认为科学史可以在其中扮演什么角色？

孙小淳　科学史上的案例、观察和记录，是可以帮助我们来做科普的，我刚才提到的地动仪就是个很好的例子。还有光学方面的现象，比如小孔成像，完全可以用“光肥影瘦”这样的理论来做实验；“两小儿辩日”也是很好的例子，可以用我们古代的科学实验、科学观察来进行科普。

我们现在的科普经常是用炫耀的方式，让人觉得很先进、很神奇，但如果仅仅这样是很片面的。要让孩子们精细观察、仔细思考，才能带他们进入科学的领地、科学的境界。科学普及、科学教育要多样化，传统文化里面的科学思维、科学观察是可以引进来用的，能体现我们的文化特色。不要一讲科学故事，好像就只有伽利略、牛顿，我们古代的墨子、张衡都做过很有趣的实验、观测，而且很接地气、很接近生活，为什么不能让孩子们也这样去做？

伽利略和牛顿奠定了现代科学的基础，但我们可以用自己的文化和理论进行补充，不要只有一个声音。要使科学呈现一个更全面的图景，这样才能丰富我们的想象力、激发人们的兴趣，起到科学普及的效果。现在科普最大的问题，就是有的时候排斥思考、排斥矛盾，好像一谈矛盾，权威就没有了。这就涉及一个理念问题：我们是用权威的口吻去灌输知识，还是用诱导的方式启发人们的思维？科普不仅仅是让人记住知识，在一些前沿的、有争议的领域，比如脑科学、人工智能，本来就有很多不确定的东西，这个时候就更需要我们运用丰富的历史经验处理不同的情况。

记　者　科学史融合了人文和科学两种视角，不过20世纪以来，有不少学者强调人文文化和科学文化之间的矛盾，您如何看待这两者之间的关系？

孙小淳　人文文化和科学文化，我觉得只要不互相瞧不起就行了。人文有人文的思维方式，诗人有诗人的想象和逻辑，他们的观察有时候比科学家还要细微得多，比如杜甫的“好雨知时节，当春乃发生。随风潜入夜，润物细无声”，韩愈的“天街小雨润如酥，草色遥看近却无”。苏东坡说“月出于东山之上，徘徊于斗牛之间”，还有“会挽雕弓如满月，西北望，射天狼”，他能写出这样的句子，就说明对天文是非常了解的。

人文学者可以多了解点科学，科学家更应该丰富自己的情怀、想象力，阅读一些哲、文、史方面的书对科学研究有好处。我们的科学教育、人文教育，也可以尽量用一些文理交叉的例子来进行。总体来说，在某个科学领域做到杰出的人往往文理兼通，甚至有些科学问题，如果没有人文的思考是提不出来的，比如爱因斯坦的相对论就来源于对时空深刻的哲学思考。

张衡这样的人是通才，他发明浑天仪、地动仪，还写了《二京赋》《思玄赋》《归田赋》，中国的七言诗也被广泛认为从他开始。宽广的人文情怀，加上富有好奇心的科学探索精神，才能够造就这样的杰出人物。所以，人文和科学一点都不矛盾，我们要鼓励两者的交融、交叉，而科学史恰恰是沟通科学与人文的桥梁。

（余如波）

29

提 要

- 每一座博物馆都是中华文明的一块拼图，合起来就是一幅波澜壮阔的中华文明长卷
- 热门的博物馆不仅是一个公共文化服务场所，同时又是一个公众喜爱的旅游目的地
- 建设博物馆强国是建设文化强国的重要组成部分
- 要通过博物馆和世界交流，让世界更了解我们，让中国的历史、文化能够更好地被讲述和被接受
- 好的博物馆有三条原则：好的文化产品、好的文化环境、好的文化服务

龚良

南京博物院名誉院长

人物简介

龚良，江苏太仓人，研究馆员，博士生导师。曾任江苏省文物局局长，南京博物院院长。现任南京博物院名誉院长。

曾参与江苏省内外众多考古发掘项目和文物保护修缮项目。任职南京博物院期间提出“既做历史艺术的殿堂，又做文化休闲的场所”的博物馆发展理念。2013年主持完成南京博物院二期改扩建工程，2021年主持完成扬州中国大运河博物馆的展览和运营，受到广泛关注。

既做历史艺术的殿堂，又做文化休闲的场所

2023年11月6日，南京博物院迎来建院90周年院庆。院庆大会上，龚良应院方邀请，用了9分钟时间、53页PPT、2000多字的发言稿，分享了南京博物院最近10年的经验做法，将其称为“一座超级链接的博物馆”。

1933年，由中国近代著名教育家蔡元培先生倡议，国立中央博物院（南京博物院前身）筹备处在南京成立。其主体建筑由著名建筑师徐敬直设计，后在梁思成、刘敦桢指导下，修改为仿辽代奉国寺大殿建筑。这座庄严宏伟，体现“中国建筑之固有特色”（梁思成语）的大殿，如今已成为南京标志性历史文化景观。

在南京博物院90年的历史中，龚良担任院长16年半，这期间他和他的团队不仅完成了前辈们的期望，使南京博物院最终形成“一院六馆”的格局，更提出博物院“既做历史艺术的殿堂，又做文化休闲的场所”这一理念。

“南京博物院的历史，折射了时代浪潮下中国博物馆事业的发展历程。”龚良说，好的博物馆应该更好地与时代接轨、与社会同步，让公众更直观方便认识文明和传统。

◆ 考古最主要的是寻找和记录文物之间的相互关系

1962年，龚良出生在文脉兴盛的江苏太仓。15岁高中毕业后回乡务

农，19岁考入南京大学历史系就读考古专业。龚良说，学习考古之前，他对这个专业并不了解。进入大学后，发现考古工作非常重要，“是人们和遥远祖先沟通的重要渠道。”龚良说，环太湖文明被认为是江南文脉的源起，就是因为有大量的古文化遗址被考古发掘。

大学毕业后，龚良留校任教，成为考古专业的一名老师。当时考古专业中有一门“中国古代建筑”的课程是聘用外校教师来讲授的，龚良有意接任此课，于是在原来学习的基础上，又去东南大学建筑系进修了两年“中国古代建筑”。“通过这两年学习，我不仅能顺利地讲授该课程，还可以兼做文物建筑保护修缮的设计方案。”龚良也因此有了更加广泛的专业关注点，从考古到古建筑，以及文物建筑的保护修缮利用等，他都有所参与和涉猎。

1986年开始，龚良跟着蒋赞初先生整理北洞山汉墓考古发掘资料。他参与整理出版的《徐州北洞山西汉楚王墓》考古发掘报告，获得了江苏哲学社会科学优秀成果一等奖。

龚良仍然记得，这座墓中出土的文物从宴饮到盥洗，从仓储到水井，从生活到歌舞，相关的文物一应俱全，通过这些文物能清楚地看到西汉时期诸侯王的生活场景。

“考古，最主要的是寻找和记录文物与文物之间的相互关系。”从北洞山汉墓开始，龚良就十分注重出土文物之间的相互关系以及它们所传递的历史信息，“通过这种关系，去追寻文明的起点和社会发展的脚步。如果田野出土的文物没有发现和记录这种关系，出土文物的价值就会大大降低，比如收缴的盗墓文物。”

◆ 要在文物保护中惠及民生

龚良于2001年开始担任江苏省文化厅文物处处长和江苏省文物管理委员会办公室常务副主任等职，负责全省的文物保护、古建修缮和博物馆发展的行政管理工作。

2005年12月，龚良被任命为南京博物院院长。担任院长后，他接到的第一项重要任务便是南京博物院二期改扩建工程。

南京博物院的前身是蔡元培先生于1933年倡议建立的国立中央博物院，最初原拟建“人文”“工艺”“自然”三大馆。后因抗战爆发，仅建成人文馆。

此后在南京博物院几代学人的努力下，已经建成有历史馆和艺术馆。历史馆就是当年的人文馆，主要收藏和陈列江苏的历史文化遗产，艺术馆则展示历代青铜、瓷器、玉器、书画、织绣、陶艺、漆器、民俗等。

二期改扩建该如何进行？龚良思考很多：“如何让这座历经风雨、饱经沧桑的文化圣殿继续传承，同时又能焕发新的活力，真正惠及民生？”

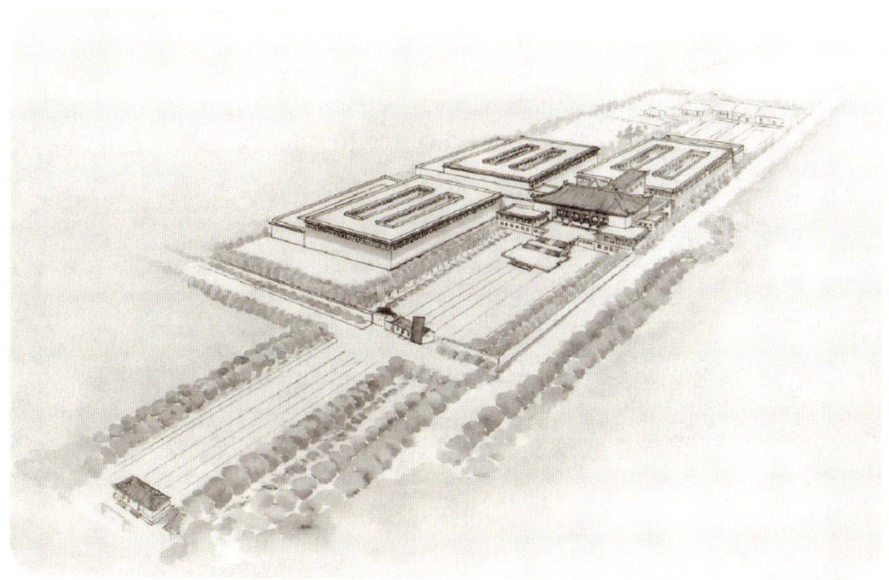

1935 年 9 月，在 13 份竞选图案中，建筑师徐敬直的建筑图案当选。梁思成、刘敦桢等著名设计师对徐敬直的设计图案进行了修改，将博物院建筑外形修改为仿辽式宫殿建筑，即为今天的南京博物院主馆，也被称为“老大殿”。（南京博物院供图）

“南京博物院有各类藏品42万件，其中包含一大批宫廷文物。”龚良说，“在42万件藏品中，以清宫瓷器最多，以西南地区民族文物最具特色，以殷墟考古出土实物科学价值最高，以江苏的考古出土文物最珍贵。全院藏品既有宫廷的，也有民间的；既有高古的，又有近现代的；既有物质形态的，又有非物质遗产。品类繁多、覆盖面广，藏品的类别远超同级博物馆。”

龚良意识到，宫廷文物具有极高的历史文化价值，交流临展又是博物馆吸引公众的重要手段，需要建立一个专门的展馆进行展示，于是将特展馆建设纳入了改扩建工程的议题。历史、艺术、特展三大展馆构成了南京博物院的主体，呈现出“历史文化艺术的殿堂”的大气。但龚良认为博物馆还应该成为“公众喜爱的文化休闲场所”，经过和同事们反复商讨，改扩建工程又创新性地加入了数字馆、非遗馆和民国馆“三小馆”。2013年

南京博物院的主馆——历史馆仿辽式大殿

11月6日，时值建院80周年，完成二期改扩建工程的南京博物院以“一院六馆”全新格局对外开放。

◆ 零展品基础上建起中国大运河博物馆

“博物馆要展示人类发展的文明历程，藏品展示不能是简单的说教。”在南京博物院工作期间，龚良逐渐将博物馆的文博理念提炼为“既做历史艺术的殿堂，又做文化休闲的场所”。

龚良说，要让参观博物馆成为人们特别是年轻人日常生活的方式之一。

如何把文物展品和背后的文化，更好地展示给观众，龚良认为，科技手段在博物馆的展览中有越来越多的应用场景，特别是数字技术可以让公众更直观方便地认识文明和传统。

南京博物院的数字馆，就是将以江苏文化为代表的中华优秀传统文化通过动态的影像、投影、互动等方式，分成28个片段表现出来。能充分体现龚良创新理念的还有扬州中国大运河博物馆。“中国大运河”是世界文化遗产的专有名词，流经全国8省35座城市，并把我国的海河、黄河、淮河、长江、钱塘江五大水系联系起来，构成了我国南北水路交通大动脉。2014年6月，“中国大运河”在第38届世界遗产大会上获准列入世界遗产名录。中国大运河博物馆是江苏省推进大运河国家文化公园建设的一项重点项目，由南京博物院负责展览和运营。

在零展品的基础上，龚良带领团队通过两年零九个月的努力，征集、复制了1万余件藏品和展品。“如何在藏品有限的情况下展现大运河恢宏的历史？”龚良说，他和团队经过不断地调研和讨论，决定展览内容以大运河的历史变迁为时间轴，空间上涵盖大运河全流域，重点展示大运河带给民众的美好生活。

而实现这一目标的重要方式，就是数字技术在博物馆内的应用。“馆内多个展厅均配合数字化沉浸式体验。”龚良介绍，比如在“大运河——

中国的世界文化遗产”展览中，以“5G+VR”的形式展现当代运河沿岸风情，通过数字技术让运河实景更加逼真绚丽。在“运河上的舟楫”展览中，参观者还可以“登上”一艘长约21米、桅杆高15米的沙飞船。沙飞船是明清时期江南一带的大户人家在娶亲或看戏时常用的交通工具，也是康熙、乾隆南巡时随行船只之一。博物馆内，在四周投影的视觉反衬下，游客“乘坐”沙飞船缓缓向前行进，进而感受到大运河两岸的繁华盛景，当下和历史就这样产生了链接。

“博物馆数字化展览的背后，需要有真实的考证支撑，那些复原的桥梁、码头、建筑、船舶等影像，都是真实地存在或有历史依据的。真实是博物馆数字展览的生命。我们希望以真实的场景向观众呈现、解读真实的运河。”龚良说，“如今，走进扬州中国大运河博物馆的游客越来越多，特别是青少年和亲子家庭占了很大比重。”

2022年6月，60岁的龚良卸任南京博物院院长一职。回顾自己几十年的职业生涯，他做了一个简单的总结：在高校教考古时进修了古建筑，在做古建筑修缮时关注了历史文化名城名镇保护更新，在南京博物院工作时又身兼文物保护管理行政工作。

龚良出版的著作

几乎每一个阶段，都是身兼两岗，因此他将自己的书斋取名“两行斋”。

如今，龚良是南京博物院的名誉院长，也是院里一名志愿者。他时常会到馆里走走，看看，讲讲，坐坐。他很欣喜，自己在退休的时候还保持着不错的业务能力，更重要的是，他所实践的一些文博创新理念，正在被更多人所接受和实践。

每一座博物馆都是中华文明的一块拼图

博物馆是建设文化强国的重要组成部分

记　者　中国的博物馆事业经历了怎样的发展历程？

龚　良　粗略来讲，2000年以前，中国博物馆收藏展示的是文物和标本，这里的文物指的是馆藏的可移动的文物。

最近这20多年来，博物馆发生了翻天覆地的变化。首先是在2001年的时候，博物馆的概念有了变化，收藏展示的是人类发展的见证物。2007年，国际博物馆协会对博物馆的定义做出调整，改为博物馆收藏展示的是“人类及人类环境的物质及非物质遗产”。物质和非物质遗产保护不可分割，都可以放进博物馆，这是一个巨大的进步，就是说我们在进行物质遗产收藏展示的过程当中，发现里面所蕴含的非物质文化遗产，包括制作技艺和使用方式等，这些也应该成为博物馆的展示内容。

2022年8月，国际博物馆协会官网又公布了博物馆的新定义：“博物馆是为社会服务的非营利性常设机构，它研究、收藏、保护、阐释和展示物质与非物质遗产。向公众开放，具有可及性和包容性，博物馆促进多样性和可持续性。博物馆以符合道德且专业的方式进行运营和交流，并在社区的参与下，为教育、欣赏、深思和知识共享提供多种体验。”这强调的是博物馆的多样性发展、差异化发展，强调了阐释的作用和体验的价值，希望能够有更多不同类型的博物馆出现。

在这个过程中，中国的博物馆事业也迎来了蓬勃发展的机遇。首先是中国经济的快速发展，其次是数字技术的加速应用，同时公众也对博物馆提出了越来越高的要求。我们看到，这20多年间中国博物馆的数量增加了2倍，从2003年的2000多座，到如今登记备案的6000多座；博物馆服务公众的面积则大概翻了三番，近年来有更多的博物馆在进行改建、扩建；博物馆服务公众的能力和水平，更是有了极大提高。

如今，热门的博物馆不仅是一个公共文化服务场所，同时又是一个公众喜爱的旅游目的地。文化和旅游的相加，使得博物馆有了更好的社会效益，也有了更好的旅游贡献度。

记　者　中国提出到2035年要基本建成世界博物馆强国，建设博物馆强国对建设文化强国有什么样的意义？

龚　良　建设博物馆强国是建设文化强国的重要组成部分。要建成博物馆强国，首先博物馆建设的顶层设计要更完善、更成体系，同时发挥好博物馆的教育功能。另外，还要通过博物馆和世界交流，让世界更了解我们，让中国的历史、文化能够更好地被讲述和被接受。

2023年9月，第九届尼山世界文明论坛上，首次创新举办尼山世界文物（博物馆）论坛，我受邀参加。尼山世界文明论坛以开展世界不同文明对话为主题，以弘扬中华文化、促进中外文化交流、推动建设和谐世界为目的。

交流的基础是能够互相了解，然后才能够融合，才能够发展。博物馆通过实物来实证人类社会发展过程中的经验、教训、成果，最容易被不同语言、不同民族、不同信仰的人接受。

尼山世界文明论坛上，首次新增尼山世界文物（博物馆）论坛，目的就是希望通过博物馆这个“世界语言”，增进不同文明之间的交流。我们每年引进很多世界其他地区的文明展和艺术展到中国来，是希望中国的观众更了解世界。同时，我们也努力让中国博物馆的相关展览走出去，让中华文化更好地走出去。

在我看来，讲好中国故事，博物馆是一个非常重要的载体，而且这个载体特别容易被外界所接受。

博物馆可以看成是中华文明的一个片段

记　者　通过博物馆，我们可以看到什么样的中华文明？

龚　良　我们常说中华文明5000年，就是通过考古发现得到实证的。今天我们在很多遗址博物馆里可以看到有关中华早期文明的相关内容。

我们还有很多民族类的博物馆，展现了中华民族相互融合的过程。

在历史和艺术类的博物馆中，可以看到中华文明的一脉相承。比如在南京博物院，我们“江苏古代文明”的展览，里面有考古发现的8000年前人工栽培的水稻以及捕鱼的工具，这是江苏“鱼米之乡”的源头。从早期的环太湖流域文明到后来的吴越文化再到江南文化的形成，展示了江南文脉的传承。

将视野放大，在长江沿线的博物馆中，中华文明一脉相承的特点更加突出，最显著的是农耕文明，从长江上游、中游到下游，农耕文明加创新的特点是一致的。

长江上游的巴蜀地区，农耕文明中加入了青铜器的制造，典型代表是三星堆、金沙遗址；长江中游地区，是农耕文明加上陶器的发展，比如位于湖北省天门市的石家河遗址，是长江中游地区目前发现面积最大、等级最高、延续时间最长的史前聚落遗址群，是展示长江文化的重要遗存、揭示长江中游文明进程的核心遗址，也是研究中华文明起源的珍贵实物；长江下游地区，主要是环太湖流域，是农耕文明加上玉文化，比如典型的良渚文化遗址等。这些博物馆，可以看成是中华文明的某一个片段，而这个片段一定是在中华文明的整体格局中体现的。或者说每一座博物馆都是中华文明的一块拼图，合起来就是一幅波澜壮阔的中华文明长卷。

好的展览以故事打动观众

记　者　在您看来，什么是好的博物馆？

龚　良　对此，我曾提过三条原则：好的文化产品、好的文化环境、好的文化服务。

好的文化产品，指的是博物馆主动作为去创新性地策划原创展览，再加上博物馆里面有创意的教育服务项目和文化创意衍生商品，这是博物馆文化传播和服务公众的重要内容。

好的文化环境，是希望公众到博物馆里会产生温暖的感觉，这种感觉应该是贯穿馆内外的。我们希望博物馆建筑成为博物馆里的第一件展品，然后再通过内部空间的打造，营造博物馆展览所体现的文化空间。

好的文化服务，要体现在从观众走进博物馆到离开的全过程，要让观众在这个过程中感觉很舒服，同时又能让博物馆的环境可以潜移默化地影响观众。

随着文博事业的发展，今天我们进一步提出，好的博物馆应该是空间、美感、故事的有机结合。

空间是特色和形象的结合，美感是愉悦的体验，而故事则是展品关系的解读。这些年，我们已逐步摒弃了原来博物馆里面做文物精品展的展览方式。文物精品展，强调的是展览中要有好的明星展品；没有明星展品，这个展览可能就做不好。现在我们更希望给大家展示展品和展品之间、展品和地域之间、展品和人之间的相互关系，这些关系就是博物馆要告诉观众的故事。好的展览是体验式的，以故事打动观众。

记　者　这种器物之间的关系要如何找到呢？

龚　良　这是一个关键问题，需要有专业策展人的介入。因为博物馆里展示的故事，不是凭空编造的，它是人类文明发展进程中的一个环节。特别是最近12年，大家都意识到要做好的展览，必须有好的策展人。包括我们南京博物院在内，现在国内大型博物馆基本有自己的策展人团队。

我举一个例子。2015年，我们策划了一个“温·婉——中国古代女性文物大展”，策展人是南京博物院古代艺术研究所的曹清老师。在这个展览中，没有明星展品。策展人从她自己的女性视角出发，将很多普通的文物、展品组合起来，通过它们之间的内在联系，从形塑女性、女仕日常、才媛集艺、笔端容功四个方面，诠释了历史长河中中国女性的性格特征，那就是“温”“婉”。脱胎于这次展览的同名图书也获评当年的“全国文化遗产十佳图书”和“中国最美的书”。

李庄是南京博物院与四川的链接点

记　者　说到南京博物院就不能不提四川宜宾的李庄，近年来两地有哪些联动？

龚　良　我们特别感谢李庄人民在1940年到1946年接纳了当年中央博物院的前辈。正是在李庄的时候，博物院和国内其他的文化单位聚集在一起，使博物馆学和考古学、古建筑学等领域的学者之间发生了深入的交流，并产生了很多意想不到的效果。我们的老院长曾昭燏在李庄时曾与人合撰《博物馆》一书，叙述了博物馆工作各方面的基本知识，是中国具有开创性的博物馆学研究代表著作。现代中国的博物馆学，可以说是从这本小书开始的，李庄正是它的诞生地。

2023年，我受院里委托到李庄，对“立本求真家国天下——国立中央博物院筹备处在李庄”主题展重新策划布展。展址就位于当年存放院里珍贵文物的李庄张家祠。

整个展览分为三个单元，分别是“国宝西迁——守住中华民族的根与魂”“文化抗战——艰难岁月彰显学人风范”和“山高水长——海峡两岸永怀缱绻”，展示了中央博物院筹备处从文物西迁到落地李庄的脉络。为了这次展览，我们从南京博物院文物库中原样复制了多件极富价值的公文、信件等资料。同时，还全新打造了一个数字展厅，参观者可沉浸式体验，了解这段文物辗转迁徙的往事。

李庄，是南京博物院与四川最重要的链接点。

（王国平）

文化传承发展百人谈

30

提要

- 要通过包括舞蹈在内的文艺创作实现对中华优秀传统文化的创造性转化、创新性发展，以“超越前人的竞胜之心”，努力满足人民群众对美好精神文化的需求

- 要想创作出好的艺术作品，还是要深耕我们的优秀传统文化，对传统文化时刻怀有敬畏之心

- 中国的舞蹈是中国人生存方式的一环，是中国文化空间的一个外在表达，而不是纯粹的物理性的东西，只讲究质量、质感、空间、线条这些高度理性化的概念

- 中华优秀传统文化是一个支撑点，创造性转化、创新性发展的“创造”“创新”是核心

冯双白

著名编剧

中国舞蹈家协会主席

人物简介

冯双白，文学博士，中国舞蹈家协会主席，著名舞蹈理论家、评论家和编剧，《舞蹈》杂志主编，中国艺术研究院博士生导师。毕业于北京大学中文系。历任中国艺术研究院舞蹈研究所所长、中国艺术研究院研究生部舞蹈系主任、《中国大百科全书·舞蹈卷》副主编等。曾任2008年北京奥运会开幕式导演组策划人，中央电视台春节联欢晚会总撰稿，并多次担任“CCTV电视舞蹈大赛”综合素质评委。

其担任编剧的代表性作品包括舞剧《风中少林》《水月洛神》《妈勒访天边》《朱自清》《咏春》等，并担任舞蹈诗剧《只此青绿》艺术顾问。作品多次荣获国家级重大奖项。

代表性学术著作有《百年中国舞蹈史》《新中国舞蹈史》《宋辽金西夏舞蹈史》等。

深耕中华优秀传统文化
让舞蹈创作找到时代共鸣点

2024年4月12日至14日，由深圳歌剧舞剧院带来的舞剧《咏春》在成都连演3场。今年以来，舞剧《咏春》无疑是我国引人瞩目的舞台文艺作品之一：1月上旬在香港演出，而后登上龙年央视春晚和河南春晚……自2022年底首演至今，《咏春》所到之处备受追捧，已演出超过150场。

作为《咏春》的编剧，中国舞蹈家协会主席冯双白如此解读："这个故事因'英雄'而来，由'追光者'而展开，最终落在'理想'。双线叙事的结构，两个时代的故事与人，在剧中彼此呼应和共振。"作为著名舞蹈理论家、评论家和编剧，冯双白善于从中华优秀传统文化中汲取养分。20世纪80年代以来，他不仅长期从事中国舞蹈史研究，还对中国古今各地域、各民族的文化资源加以转化、创新，创作出一大批优秀舞蹈作品，《咏春》便是在这一思路下诞生的又一舞剧力作。

"近年来，中国舞剧创作出现了一些广受人民群众赞誉并在文化市场上叱咤风云的作品，面对当代中国社会特别是年轻人日益增长的文化自信，给出了一个艺术的标志、一个艺术的窗口。"冯双白表示，要通过包括舞蹈在内的文艺创作实现对中华优秀传统文化的创造性转化、创新性发展，以"超越前人的竞胜之心"，努力满足人民群众对美好精神文化的需求。

舞剧《咏春》以20世纪80年代一个深圳剧组拍摄电影《咏春》为引子，将戏外的《咏春》剧组与戏内赴香港打拼的叶问两条线索并行展现，无缝切换。

除了“戏中戏”，还有“舞绎武”。内容上，《咏春》把老故事讲出了新意；形式上融合了传统武术之美与现代舞蹈的质感，咏春拳、螳螂拳、八卦掌、八极拳、太极拳中的武学招式，结合古典舞、现代舞的舞蹈

冯双白担任编剧的舞剧《咏春》剧照

特质集中呈现。“韩真、周莉亚两位总编导非常了不起、非常有远见，她们让所有演员学了将近一年的武术。学到什么程度呢？演对手戏的时候要真打、真发力，演员们身上打得青一块紫一块的。”冯双白说。

冯双白坦言，舞蹈和武术的发力完全不同，呈现出来的动作形态、表达的意思也不同，“《咏春》的武术动作都是由舞者完成的，武术的节奏、韵律和舞蹈中那种美的表达，终于找到了一个结合点。”1月上旬，《咏春》在中国香港连演五场，场场爆满。香港咏春体育会成员、叶问的长孙叶港超点赞：“用舞剧这样的形式来推广咏春、推广中华传统文化，效果超乎想象。”

“要想创作出好的艺术作品，还是要深耕我们的优秀传统文化，对传统文化时刻怀有敬畏之心。”冯双白的观点，正是对自己创作的总结，在几十年的舞蹈编剧生涯中，他一直在通过这种身体艺术，寻求传统文化的传承发展和创新表达，《咕哩美》《妈勒访天边》《水浒》《玉鸟》《风中少林》《花木兰》等代表作皆是如此。

冯双白出版的著作

类似的作品仍在不断酝酿。不久前，以徐霞客云南之行为主题的大型舞剧《霞客行》正式启动创作，冯双白受邀领衔策划、编剧工作；如果有机会，他还想向“巴蜀鬼才”魏明伦请教，做一部川剧题材舞剧。“构思创作这样的作品，最重要的是让今天的观众特别是年轻人找到共鸣点，让人们为了这样一个故事、这样一些角色去买票。”

◆ “文化的秘密无穷无尽，非常有意思”

冯双白出生于吉林长春，父亲是长春电影制片厂第一代电影导演，母亲从事电影剪辑工作，他自小受到艺术的熏陶。“我记得家里有一台老式留声机，小时候我父亲经常在家听唱片。”小学时，冯双白一家搬到北京，由于好动，父母将他送进什刹海体校学击剑。他由此训练了身体的柔韧性，又被北京市少年宫舞蹈组老师相中，走上了舞蹈之路。后来他在内蒙古下乡时，也因为舞蹈底子被选入原内蒙古生产建设兵团文工团。

冯双白觉得，似乎有一只无形的手，让他一直离不开舞蹈。由于从小爱读书，他很早便戴上了厚厚的近视眼镜，影响到舞蹈表演时通过眼睛传情达意。“对我打击挺大的，那时候就想再也不跳舞了。”没想到，从北京大学中文系毕业后，冯双白被分配到北京舞蹈学院任教，后来又考取中国艺术研究院首届舞蹈学研究生，从此专门从事舞蹈研究与创作。

20世纪90年代初，台湾一家电视台到北京拍摄春节民俗，当时担任中国艺术研究院舞蹈研究所副所长的冯双白受命陪同。“后来我有很多年的春节，从大年三十到正月十五都是在北京郊区度过的，因为要带他们去拍高跷、秧歌、狮子舞、大钹这些民俗节令风俗艺术。”因为这个契机，冯双白对非遗产生了巨大的兴趣，开始走向“田野”。

冯双白的硕导吴晓邦、博导资华筠，都对民族民间舞非常感兴趣。后来中国积极推动非遗保护，不少工作落在中国艺术研究院，冯双白顺势以《青海藏传佛教寺院羌姆舞蹈和民间祭礼舞蹈研究》完成博士论文，“从非遗角度去观察民间信仰和表演，这个表演跟舞蹈密切相关。”他不知多少次前往青海，在田野调查中经常把裤子磨破、膝盖摔破，“但我内心非常热爱、喜欢，觉得文化的秘密无穷无尽，非常有意思。”

◆ 生活是艺术创作唯一的源泉

在很多人眼中，舞剧是一门阳春白雪的高雅艺术，但冯双白坚持走出象牙塔，“老老实实创作，乖乖深入生活，没有生活是不行的。”西藏是他率队采风最常去的地方之一，三四千米的海拔，每次几百上千公里的路程，还遇到过雨天翻车、陷入泥潭、遭遇冰雹等困境，挑战了身体极限，也收获了宝贵的创作灵感。

20世纪90年代初，冯双白来到广西，开始创作关于渔民生活的舞蹈诗《咕哩美》。“咕哩”在当地方言中意为“苦力”，如何在舞台上表现出美的一面，冯双白思索很久也没有头绪。有一次，冯双白和总导演邓锐斌在广西北海采风，深夜恰遇暴风雨，两人在海边伫立了一个多小时，面前只有电闪雷鸣和滔滔海浪。

冯双白说，当他们二人终于抵挡不住暴风雨之夜的恐惧而掉头逃回住地时，一眼看到了岸边的一盏明灯，顿时灵感迸发。后来，他用“灯”“网”“帆”组成了这部作品的三个意象，从“灯”出发由点及面地写到渔民生活、时代发展。

在《咏春》之前，冯双白还曾经创作过一部关于武术的经典舞剧《风中少林》。“原来武术在我眼里，全是‘隔山打牛’‘拿筷子夹住苍蝇’这种神乎其神的东西，我觉得太好做了。”然而到了嵩山，少林武僧却对他说，少林武术的宗旨是“保护生命，而不是杀伐生命”，而且少林武僧要在山中打坐悟禅，同时练拳养生，因为山中场地狭小，所以发展出的拳法“拳打卧牛之地”，意即在一头牛歇息的地方就能打完一套拳。

“我听了大吃一惊，如梦初醒。”冯双白意识到此前的想法根本不对，为了更好地了解武僧生活、理解禅文化，他先后20多次前往嵩山采风，跟少林寺的住持、武僧交流，一起吃斋饭，观察他们怎么做功课、如何习武。“以前的设想就是打，现在是对少林文化本质的探索。”由此，整个舞剧的结构和宗旨都发生了变化，转而深入挖掘少林文化的深厚传统，表现禅、武、医的融合，寻找少林文化精神。

“所以我觉得，生活是艺术创作唯一的源泉。”冯双白表示。

中国舞蹈是中国文化空间的一个外在表达

文化自信的确立给予文艺繁荣良好的契机

记　者　近年来，一批舞剧获得口碑与市场双丰收，《只此青绿》《永不消逝的电波》等一票难求。它们为什么能火起来？

冯双白　首先是国家的文化发展战略起到了极其巨大的推动作用，“四个自信”的确立特别是文化自信的确立，给了文学艺术繁荣良好的契机。这样一个整体氛围、政策引导、社会心理，都促进了舞剧的繁荣。第二个原因是整个社会对于舞剧艺术认知度越来越高。原来人们对舞剧是比较陌生的，我记得曾经有舞剧演了20分钟以后，就有观众问旁边的人“怎么还不说话呀”，或者“怎么还不快唱个歌啊”。但近些年来，观众和社会对舞剧认同、接受、喜爱的程度都远远超过了以往。当然，《舞蹈风暴》《这！就是街舞》等一系列舞蹈选秀节目，也极大地帮助观众认识了舞蹈、熟悉了舞蹈，所以整个社会对舞蹈的接受度比原来好多了。

还有一个原因，就是这一代舞剧编导们成长起来了，或者说是长久以来舞剧艺术创作经验积累的结果。从吴晓邦先生1939年创作的中国第一部舞剧《虎爷》到现在，已经85年了，一代又一代舞剧创作者薪火相传到了今天。从《鱼美人》《小刀会》到《红色娘子军》《白毛女》，再到《丝路花雨》，今天的舞剧"爆款"跟历史经验的积累是分不开的。

还有一些很重要的原因。比如今天的舞剧表演者非常棒，不但技术成熟，身体条件也更好，对身体的控制能力、对艺术角色的把握能力、审美的感知能力都达到了前所未有的状态；比如今天舞台美术的技术条件比原来大大地丰富了，电脑控制可以精确到毫秒，音乐和舞台动作可以完美地统一在一起；比如我们吸收了很多国际的艺术经验，同时又向传统文化学习。中国有观剧的传统，我们常说"人生如戏、戏如人生"，这样一个很会讲故事、愿意听故事的文化基因和国际上最新的舞蹈、舞剧审美经验结合起来，形成了我们舞剧艺术的繁荣，出现了爆款作品。

记　者　*说到舞蹈的流行和普及，您如何评价广场舞？*

冯双白　"载歌载舞"是中华民族优秀的文化基因。中国古文字当中的"乐"字，不仅仅包含了音乐和人声的唱诵，还包含了身体的动作，"咏歌之不足，不知手之舞之，足之蹈之也"，这本身就是发自内心的一种正常的表达。

其实20世纪50年代国庆的时候，我们在天安门广场上跳集体舞、搞大联欢，就已经是广场舞了。这么多年来，广场舞就没有停止过。

在社会发展当中，广场舞就在这样一个基础上，变成了如今和养生的结合。人们生活好了、吃穿不愁了，就希望自己能够长寿，还有些人腰椎有问题、肩颈有问题，就去跳广场舞来缓解。当然，关于广场舞有不同的声音，比如批评它扰民，有时候噪声很大，我觉得这是要加以引导的。

记　者　文化艺术的普及推广，儿童、青少年是重要的受众。在您看来，向他们普及推广舞蹈艺术，需要破除哪些瓶颈？

冯双白　我小时候在北京景山学校，全校学习舞蹈的男生只有我一个人，女生也只有两三个人，因为只有在少年宫里才能学到舞蹈。现在舞蹈教育进入一个非常繁荣的阶段，舞蹈培训机构遍地开花，学习舞蹈的条件比我小时候好多了。

当然，也还有不能令人满意的部分，其中一个重要的问题是很多孩子无暇顾及自己个性的发展、兴趣的发展，我认为这个是需要深思的。只有在整个社会的教育理念发生了重大变化，孩子自己的成长意愿、兴趣和努力的方向完美结合在一起的时候，才能获得有个性的成长。

创造性转化、创新性发展要倾听时代的呼声

记　者　您长期从事中国舞蹈史研究，在您看来，中国舞蹈独树一帜的特点有哪些？

冯双白　第一个特点，就是我们有非常多的舞种。中国有56个民族，其中很多民族有非常成熟的、完整的舞蹈体系，比如汉族的安徽花鼓灯被誉为“东方芭蕾”，动作丰富极了。维吾尔族、哈萨克族、塔吉克族、蒙古族、藏族、朝鲜族、傣族、苗族、彝族……我认为全世界无论哪一个国家，都很难和中国舞种的丰富性相抗衡，而且中国很多舞种延续了上千年，这是巨大的宝藏。

第二个特点，就是中国文化讲究天、地、人、和，它是讲究内心的，是形和神的统一。有些国家的舞蹈非常漂亮，非常丰富，但只是发自生命自身的冲动。中国舞蹈不是这样，它是一整套生活方式，这个生活方式构成了我们的文化空间。

中国的舞蹈是中国人生存方式的一环，是中国文化空间的一个外在表达，而不是纯粹的物理性的东西，只讲究质量、质感、空间、线条这些高度理性化的概念。中国舞蹈可以把物理的概念、生命的概念、大自然和天的概念，还有祖宗传下来的谦谦君子的观念、勇毅前行的观念、踔厉奋进的观念完全融合在一起。

记　者　在您看来，舞蹈领域的创造性转化、创新性发展有哪些资源和途径？

冯双白　说到舞蹈的创造性转化、创新性发展，现在最火爆的就是文物这个资源正在被各地的舞者充分发掘出来，包括《只此青绿》《唐宫夜宴》，还有青年编导田湉的《俑》系列舞剧。除此之外，中国传统文化中那些经典的作品，我觉得也是非常重要的，比如青年舞蹈家黎星他们就创造了全新的民族舞剧《红楼梦》。中国的文学著作、琴棋书画，那么丰富的东西，我认为都可以变成创造性转化、创新性发展的资源，这是个巨大的宝库。

今天的艺术创作者，一要充分尊重、充分挖掘极其丰富的传统文化宝藏，同时要关注一个很核心的问题：不能泥古不化。“照搬传统”并没有真正完成任务，中华优秀传统文化是一个支撑点，创造性转化、创新性发展的“创造”“创新”是核心，要遵循、响应时代的呼声，满足人民群众新的审美需求、心理需求、对社会的期待。

还有一点非常重要，就是要高度关注年轻人。根据资料显示，现在舞剧的观众70%是35岁以下的年轻人，当中又有60%到65%是女性观众。他们在想什么？他们对爱情、对人生、对命运怎么看待？他们对工作当中的挫折怎么看待？如果对年轻人的需求不了解、不理解，我觉得会脱离这些观众，做出来可能演几场就算了。

《只此青绿》已经演了500多场，《永不消逝的电波》演了将近700场，《咏春》已经演了超过150场，这些都是实打实的票房。今天的年轻人有强大的文化自信，在这种文化自信的基础上，创造性转化、创新性发展要尊重时代的呼声，要深入地去挖掘人性，找到和今天观众的共鸣点。

记　者　您创作了不少传统文化题材的舞蹈作品，近两年就有《咏春》《精忠报国》上演。其中有没有什么一以贯之的理念或精神？

冯双白　我确实对传统文化的东西非常关注，像《妈勒访天边》来自壮族的寓言故事，《风中少林》来自少林寺的禅宗文化和武术文化，还有《水浒》《花木兰》《英雄格萨尔》《大禹》这些。我愿意去找寻富有情感、个性，会碰触到人性底层隐秘点的人物。像《妈勒访天边》，原来的寓言故事就是一些壮族人的闲谈，可是在我编剧时展开了母子的情感，最后让妈妈死在儿子的怀里，这就碰触到了一个人生的痛点，每个人都一定会面临生死离别。我的舞剧《朱自清》，全剧就只写朱自清弥留的最后两三分钟。我常常把舞剧的主角放在一个人性的痛点或者困惑点上去展开，展示出他独到的内心。这样的东西呈现在舞台上，观众看了能够掉泪，我觉得这是对我的创作方向、理念的肯定。

作品会团结队伍、留住人才甚至是吸引人才

记　者　四川历史文化厚重久远、丰富多彩，成为不少舞蹈作品创作的灵感来源。在新时代，舞蹈创作如何汲取这些历史文化资源，对它们进行传承和发展？

冯双白　我是很着迷于四川的，在读研究生的时候，就追随我的导师吴晓邦先生到四川成都学习创作、编导，在四川省歌舞剧院住了半年时间。我觉得从中华优秀传统文化的创造性转化、创新性发展角度来说，四川是一个宝库。

四川佛教文化、道教文化都非常丰富，石窟、壁画是非常美的，还有非常好的戏曲传统。我们的舞剧编导，很少有利用戏曲名剧重新改编的，

我觉得完全可以深入挖掘戏曲艺术的表演方法、表演理念、审美理念。

川剧是个巨大的宝库，喜剧和正剧相结合、幽默和深刻人性的揭示相结合，我觉得这是川剧艺术巨大的优势，是别的地方很少见的。川剧那种“嬉笑怒骂皆成文章”、川剧的幽默是令人震撼的，是边哭边笑、边洒泪边叹气。我们的舞蹈工作者要好好向川剧艺术学习，向传统艺术的精华学习。

记　者　四川舞蹈具备一定实力，中国舞蹈“荷花奖”、春晚等舞台上常有四川舞蹈的身影。在您看来，四川舞蹈的发展还可以从哪些方面进一步加强？

冯双白　我觉得还是创作第一，作品会团结队伍、留住人才甚至是吸引人才。常宏基演了舞剧《朱自清》，很多人非常喜欢，后来深圳歌剧舞剧院要做舞剧《咏春》，就是用剧目吸引了常宏基。每一个舞者内心深处都有对舞蹈的热爱，希望能演好作品，当主要演员甚至主角。

第二，在人才培养过程当中，激励机制也非常重要。一个舞者拼的是青春，奉献的是最美好的年华，常常会面临二次择业。所以在舞者最年轻、爆发力最强的时候，要有很好的激励机制，才能让他们在这条路上坚持下去。培养演员是非常重要的，有了好演员才能够有很好的呈现，编导可以外请，演员外请演出就没法做了，所以本团、本土要有一群实力雄厚的好演员。

记　者　如何更好地留住人才，包括创作人才、表演人才、运营人才等，您有哪些建议？

冯双白　我觉得必须认识到，人才的流动就是我们今天的现实，“人往高处走”是一个无法抗拒的社会潮流，我特别羡慕现在年轻人的这种选择自由。实际上，人才流动是双向的，你的好人才可以流向别处，但如果你足够强大了别人也可以流向你。因此，把自己做强做大是最重要的。

做强做大当然有很多种办法，除了高度重视创作以外，良好的投资机制也非常重要。没有资金来源，“巧妇难为无米之炊”，我觉得充分培养、发展出良好的投融资机制，这是政府和相关文化机构需要推动的。

从编导的角度来说，要去挖掘题材、挖掘人性，做出好作品让投资者买单。有了投资、有了创作，人才就留下来了，外地人才也会被吸引来。当然，灵活的用人机制也非常重要，不是我招你进团就养你到老，项目制或者特殊的聘用制都是非常需要的。做好文化体制改革，才能帮助我们完成艺术上、创作上的任务。

（余如波）

文化传承发展百人谈

31

提 要

- 2007年，“中国清代样式雷建筑图档”成功入选联合国教科文组织《世界记忆名录》，中国古代建筑设计的智慧以及其在人类文明史上的价值与贡献，得到世界承认

- 衡量建筑美不是比外在，而是比价值观和思维方式，以及这些价值观是否有时代价值，中国古建就大量浓缩了具有现代意义的价值观

- “人类应该尊重环境”的价值观念，应该是中国古代建筑最本质也最大的贡献

- 按中国的古建观念，建筑从属于环境，自然和人文的环境才是人类生存和建筑创作的本体

王其亨

著名建筑史学家

人物简介

王其亨，祖籍河南，少年时成长于成都。中国著名建筑史学家，天津大学建筑学院教授、博士生导师，国家级教学名师。长期从事中国古代建筑历史及理论的教学和研究，发表学术论文200余篇，出版学术专著20多部，在中国古建筑测绘、明清皇家陵寝与园林、古代建筑图学、传统建筑设计理论等方面的研究成果丰富。40多年来搜集、整理、解读“中国清代样式雷建筑图档”近两万件，推动其入选联合国教科文组织《世界记忆名录》。

“样式雷”：打破中国古代建筑在世界的“失语症”

在几年前大热的央视大型文博探索节目《国家宝藏》第二季中，故宫博物院推选的国宝“样式雷建筑烫样”有两位国宝守护人：一位是歌手王菲，另一位便是天津大学教授、著名建筑史学家王其亨。

“样式雷”，清朝八代从事皇家建筑设计并执掌皇家建筑设计机构样式房的雷氏家族的专称，在两百多年里设计了圆明园、颐和园、避暑山庄、十三陵、清东陵、西陵、天坛等知名古建，留下了近两万件设计图档。从20世纪80年代测绘清东陵接触到“样式雷”起，王其亨把他的毕生精力放在了收集、整理和解读“样式雷”图档上。系列研究成果以不可辩驳的事实证明——世界建筑史认为中国传统建筑缺乏设计理念和方法的观点纯属傲慢与偏见。2007年，“中国清代样式雷建筑图档”成功入选联合国教科文组织《世界记忆名录》，中国古代建筑设计的智慧以及其在人类文明史上的价值与贡献，得到世界承认。

2024年3月底，王其亨接受了四川日报全媒体“文化传承发展百人谈”大型人文融媒报道记者的专访。他表示，中国古代建筑无论是设计理念、方法还是审美体系，对世界都做出了巨大贡献。一生研究中国古代建筑，成功地让世界认识到中国古建的价值，把中国古建的设计、尊严和话语权找了回来……王其亨说，“我这辈子，值了！”

王其亨生于20世纪40年代，受父亲影响，报国图强是他一生的理想。

年少时，王其亨跟随父亲在成都生活过很长一段时间。因为父亲要求所学必须能报效国家，自幼喜欢画画的他也不得不放弃了中央美术学院附中在成都的招生。高考时他存了一点“私心”，悄悄报考了天津大学土木建筑工程系。在他看来，这个方向既能学建筑工程报效国家，同时也能满足自己画画的爱好。

毕业后，王其亨先到渡口市（今攀枝花市）的矿务局基层当了10年工人；1982年，他重回天津大学攻读建筑历史专业研究生。那一年在清东陵测绘带来的巨大触动，让他从此扎根古建研究领域。

那是王其亨第一次来到清东陵。看到这处古代帝王陵墓建筑群配合山川之胜势，与周围环境完美融合，陵区内建筑设计在使用功能之外更处处移步换景，王其亨震惊了。

1905年以来，西方建筑史学家曾经长期用“建筑之树”来描绘世界建筑繁衍的版图。树中枝繁叶茂的是西方建筑体系，包括中国在内的东方建

定陵地宫烫样

筑只是其中古老却细弱的旁支。中国古代工匠留下了大量宫殿、庙宇及园林作品，背后有无设计理念和方法、有无造型和布局上的美学原则？当时的中国并没有拿出太多有说服力的材料。西方学术界由此认为，中国古代建筑缺少设计、对世界建筑史鲜有贡献。

置身东陵，王其亨不由感叹：如果说这都不是建筑设计，那是什么？！

清朝皇帝为何相中东陵的位置营建皇陵？清代匠人又怎样构思出如此伟大的建筑作品？是否涉及现代建筑的选址和规划设计？王其亨向前辈请教，答案莫衷一是。他跑到国家图书馆查阅相关历史文献，“样式雷”建筑图档重见天日。

“样式雷”图档，相当于雷家设计的皇家建筑的图纸；“烫样”，则是建筑模型。查阅档案，王其亨才发现“样式雷”家族留下的建筑图档有近两万件之多。在民国初年雷家迅速衰败被迫变卖图档时，营造学社的创始人朱启钤看到了其中的价值，求得拨款5000元大洋，把图档足足装了10卡车送到了北平图书馆，为今天留下了珍贵的古代建筑材料。只是因为日本侵华，他们的研究启动不久便被迫中断。

慈禧太后御舟木兰艘烫样

王其亨敏锐意识到这些皇家建筑在选址、规划设计、施工中应有缜密的运作程序。然而，这批图档数量庞大、杂乱无序，需系统鉴别研究才能利用。他一头扎入其中，誓要搞清楚中国古代建筑从选址到规划设计的全流程和设计原理，把鲜为人知的古人的建筑智慧挖出来，为中国古建筑正名。

◆ 研究“样式雷”，把中国古建在世界丢失的话语权和尊严找回来

40多年来，王其亨带领团队完成数百次明清皇家建筑遗存的测绘，指导绘制了上万张图纸，在此基础上，研究整理出了近两万件“样式雷”图档，让中国古建的智慧渐渐清晰。这是一个浩大的工程。

还在念研究生时，王其亨就曾选择东陵、西陵陵寝中最核心隐秘、技术也最复杂的部分——地宫进行测绘研究。那时除了路费和住宿费可

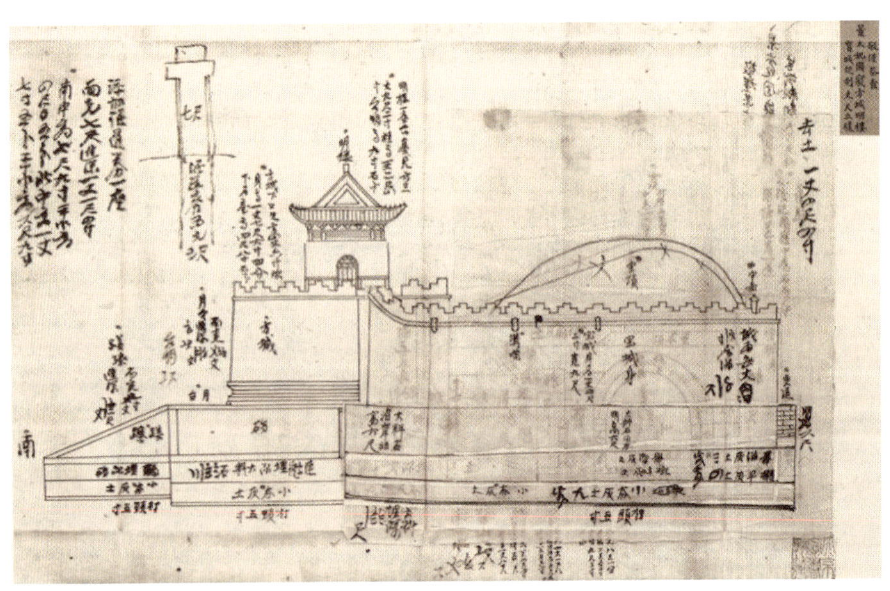

景陵太妃园寝方城明楼宝城立样

以报销，餐费只能自己掏。“我的助学金每月只有49块5，可一顿早餐就要1块8。要测绘地宫，往往在这里一待就要半个月甚至一个月。钱不够怎么办？那就量入为出，一天只吃一顿饭，剩下的时间就是夜以继日地工作。”王其亨说，待他回到学校时，已是胡子拉碴，形容枯槁。

1984年以前，王其亨把当时开放的地宫以及地面建筑全部进行了了解，它们的主人包括了乾隆、光绪、慈禧等人。“进展还是太慢！”他继续调动天津大学建筑系师生集体参与，一做就是40多年。他们曾在清东西陵、十三陵附近的小学打地铺，也曾住在西北边远地区的山上，连喝水、洗漱都困难。师生们日复一日、年复一年地爬房上梁，获得了大量明清时

定东陵方城明楼立样

期皇家建筑的测绘数据，令“样式雷”图档研究如虎添翼。而他自己，很长一段时间平均每天的睡眠不超过5个小时。“现在要查明清皇家建筑测绘图，只有到天津大学来。经过研究，我们已经可以根据档案文献，在不发掘的情况下把最复杂的地宫的建造过程梳理出来。”王其亨说。

通过研究原始图纸、模型、档案文献和实地考察，他还有一个重要的发现——“中国古建是有设计的”。比如东陵就体现了“建筑与环境对话”“建筑与建筑对话”的设计理念，而西方现代的建筑教育和理论研究都没有这个内容。

中国古建还不乏十分先进的建筑设计方法以及地形测量技术，尤其在对精确描述建筑场地、精确考虑土方量以及建筑竖向的、平面的布局上，“样式雷”通过中国传统的“平格”方法，在建筑创作设计上达到了新的高度。

王其亨在研究中发现，“样式雷”图档中大量使用了中国传统的“平格”法。相当于在复杂的3D地形上，投下一个不会变形的平面方格网，然后在每个方格网交点上去量它的高程并记录下来，形成精确的场地高程信息系统图纸。如果把图纸上面的“码子数”改成阿拉伯数字输进电脑建模文件，就可直接生成三维立体地形。这种古代地形建模方法比西方近代以来使用的三角测量和等高线图方法更为实用和先进，与现在的遥测火星、月球地形时用到的地表数字高程模型（DEM）法严密契合，而DEM直到1958年才由美国发明。“这样一种古代的地形建模方法，毫无疑问是当时全世界最先进的。”王其亨表示。

2004年，在国家图书馆、故宫博物院、中国第一历史档案馆、中国文物研究所等管理机构的支持下，王其亨从近两万件图档中，精挑细选了300多件在国家图书馆举办了展览，引起轰动。展览的成功也直接推动国家图书馆将“样式雷”图档申报世界记忆遗产，申报材料就是王其亨带领两名博士做的展览文本。2007年，“中国清代样式雷建筑图档”成功入选。它是世界记忆遗产中人类现存古代建筑设计图规模最大、类型最丰富的遗产。2012年，联合国教科文组织在全世界精选了24个国家和地区最具典型性的“世界记忆遗产”项目在巴黎总部展出，其中，唯有“中国清代样式雷建筑图档”彰显了古代建筑设计的智慧，凸显出对于人类文明历史无与伦比的价值和意义。王其亨说：“这就明确宣示，自1930年以来，中国建筑史学界数代学者殚精竭智，展开‘清代样式雷及其建筑图档’的整理研究，中国建筑作为人类智慧资源的不朽价值，已赢得世界性的认同和尊重；世界建筑史上一向缺乏有关中国传统建筑设计理念和方法等方面的‘失语症’，已从此彻底终结。”

“这是我这辈子干得最得意、最对得起老祖宗，也对得起当代和后人的一件事。”王其亨表示。

如今的王其亨年近八旬，依然继续带着学生爬房测绘、挖掘档案，解读“样式雷”图档，研究和宣传中国古建。他希望通过自己让更多人关注中国宝贵的古建遗产。

2018 年王其亨在甘肃嘉峪关测绘现场

访谈

中国古代建筑的本质就是诗意地栖居

中国古代建筑都有自然美的意境

记　者　网络上有一种观点，认为中国传统的木结构建筑看上去没有西方石头建筑宏伟壮观。为何中国传统建筑在历史上选择了木结构？

王其亨　这是一种误读，其实西方同样存在大量的木结构房屋。很多人喜欢瑞士风景，和高山湖泊相映成景的就是成百上千年的木结构民居。如果西方都是石头建筑，就不可能有17世纪阿姆斯特丹市政厅大火，也不会有1834年英国的议会大厦——中世纪建筑威斯敏斯特宫着火。至于为何西方好像石头建筑更多？那是因为很多宗教建筑教堂是石质。不过即使是这些教堂建筑，同样也会消耗大量木材，比如用石头砌拱券时，耗费的木头绝对超过石结构本身。

我刚开始学建筑学的时候读中外建筑史，心里其实很失落。因为那时候年轻，总以高大为美。后来慢慢读书多了，发现衡量建筑美不是比外在，而是比价值观和思维方式，以及这些价值观是否有时代价值，中国古建就大量浓缩了具有现代意义的价值观。比如德国哲学家海德格尔说过，“建筑是人类存在的本体。”而孟子早在2300多年前就说过类似的话：“居移气，养移体，大哉居乎。”“居移气”，指一个和谐的居住环境及空间可以改变一个人的心理素质，“移”指改变，“气”指“气质”；“养移体”，建筑能够满足人的生理发展需要——抵御寒暑风雨。随着文化素质的提高，人们对品位的要求也会随之转变。

另外中国古建还有一个特点，就是建筑不能和人的心理感受相冲突，也就是遵循自然规律。中国古建的代表紫禁城，最高的午门也没超过37米，太和殿加上台基总共才35米，因为从视敏度来解释，30米是一个人视敏度的极限。另外，中国建筑不歌颂绝对伟大的存在，哪怕皇帝的宫殿也不会修得充满神性的高贵。相反，欧洲的宗教建筑强调神的意志，目的不同导致风格迥异，或许是中外建筑最大的不同。

记　者　中国古建美在哪里？

王其亨　这些年来，世界学术界对中国建筑的研究越来越多。大多数学者认为全世界除了中国，并没有自然美的审美体系，但是在中国，自孔子倡言仁者乐山、智者乐水以后，自然美的审美命题在魏晋时就已高度理论化，并和建筑结合起来。我们的古代诗文描写“采菊东篱下，悠然见南山”，写“小桥流水人家”，都有自然美的意境，均把描写的主体对象对准了建筑和环境。

换一句时髦的话说，海德格尔提出的“诗意地栖居”，其实在几千年来的中国已无处不在。远到班固在《西都赋》里描写长安的壮丽宏大和宫殿的奇伟华美；近到几十年前的湘西农村，当地百姓只要有一点文字表达能力，就会张贴楹联赞美建筑和环境的融合。

中国古代建筑还留下了很多宝贵财富。日本学者山田庆儿在研究中国科技史时就发现，中国古代哲学思想里经常用到建筑术语。比如“上层建筑”“经济基础”“沟通桥梁”等均是如此。另外，“开门见山”“门当户对”已是大家常用的成语。门还是体现中国人智慧的建筑结构——《周易》讲乾坤，门打开属于乾，关上属于坤。门一开一关就是变化的过程，而往来无穷谓之通，有无往不复、生生不息之意。

所以我们要提升文化自信，客观地看待中国古代建筑的贡献。

中国古代建筑对世界最大的贡献就是尊重环境的价值观

记　者　“中国清代样式雷建筑图档”被评为世界记忆遗产，打破中国建筑在世界的“失语症”。归纳起来，中国建筑对世界建筑史最大的贡献是什么？

王其亨　“人类应该尊重环境”的价值观念，应该是中国古代建筑最本质也最大的贡献。早在《中庸》便有“赞天地之化育”的说法，呼吁通过个人的至诚和努力，实现与天地和谐共存。中国几千年来的智慧也影响了中国建筑的观念：我们从来就意识到人类生存的环境是有限的，所以必须善待它。

100多年前，德国建筑师恩斯特·伯施曼考察清东陵时，赞叹其为“天才的设计”。为什么？首先选址于山川壮美之处，其次陵园建筑群配合山水胜势。尤其神道上所有的景观都经过精心设计，轴线上的对景设计全为双向甚至是三维乃至四维的立体景观关系。“这么大气磅礴又精微细致的景观营造，即使放到今天，也依然能成为世界级景观建筑教科书内的伟大范例。”

按中国的古建观念，建筑从属于环境，自然和人文的环境才是人类生存和建筑创作的本体。清东陵这种源于自然法则的建筑思想，和西方建筑的认知截然不同。他们认为“环境是建筑的从属与服务”，而这是一种人与自然之间的“本末倒置”。

记　者　中国古代建筑的优点还体现在哪些方面？

王其亨　因地制宜，取材方便、加工方便、适应性强。如传统建筑在防水上体现了智慧。四川传统的瓦房，瓦面从房梁起自然下垂。如果雨大漏水，在屋子里拿一根竹竿把瓦片拨一拨就不漏了。四川的古建很多也不做油漆，直接使用原木，就是因地制宜。因为四川空气湿度大，如果油漆封木，地底下的潮气进入木头后出不来，木柱就会霉变招白蚁。

中国古建体现智慧的地方还有很多。比如南方潮湿多雨，尽管有瓦屋面排水，但房檐下被水浇的木柱根往往容易糟朽，所以古人发明了穿斗式建筑。这种结构哪怕把一根柱子锯掉都还能保持稳定。而北方的房屋要考虑防风以及冬天大雪的荷载，瓦面做得很厚，满足抗风、保湿、隔热的需求，所以北方的古建，最经济合理的就是抬梁式结构。

中国的很多古建筑，用西方的三大力学解释不通。比如山西应县辽代木塔，60多米高的塔身就靠木头一层层堆起来而多年不倒。如果以现代建筑的理念，那必须打很深的地基。天津独乐寺是辽代寺院，但修建时也就是把普通的土地夯实把柱础摆上，柱子搁上去。如今1000多年过去，经历了28次地震的独乐寺依然矗立。它们的背后，都是中国古建的智慧。

如果说民国时期营造学社对中国古建的调查，解决的是中国古建有什么、是什么的问题，我这几十年的研究，主要解决的就是中国古建为什么用木结构、大量采用单层建筑少用高层以及怎么设计的问题。研究中国古建不可能人人再去读一遍文献，我要做的工作就是对“样式雷”图档进行系统性解读，让人们更轻松地了解中国古建从设计到施工的全套流程以及设计原理。

把环境当本体是中国古建伟大的理念

记　者　影响中国古建选址和设计的主要因素有哪些？

王其亨　中国古建最伟大的理念就是把环境当作本体，也就是人和环境必须对话，这种对话机制在西方建筑里并不存在。我认为中西方建筑设计有一个很大的不同在于环境和建筑谁是本体。西方从来是把建筑当作本体，环境从属于建筑；而中国人恰恰倒过来，建筑从属于环境。

景观建筑学，其实就是了解我们生存的地理环境、地形地貌、小气候和水文，等等，然后根据这些内容来选择城市、聚落、建筑以至大运河、都江堰、长城等大型工程的选址和修筑。它将地质学、生态学、景观学、建筑学及美学等多学科知识融为一体，从而影响着古建筑的选址和设计。如果不懂得这些知识，就不可能出现古代众多的工程奇迹。

我们现在的首都北京，3000多年前西周诸侯国燕国就在北京房山区琉璃河一带建都；宋代大儒朱熹在其《朱子全书·地理》中也曾断言北京是适合作帝都的地方。这是因为古人注重环境的保护和利用，他们会测算一个地方的土地能够有多大承载力、能养活多少人口、建立多大规模的城市合适。北京作为几朝古都为何能养活那么多人？就是因为北京是华北平原最好的土厚水深之地。

中国古代建筑，选址十分讲究建筑人文美与山水自然美的有机结合，设计相关工程的建筑师要随有关官员赴现场勘察，统筹生态、景观及工程地质、环境容量等要素，确定基址并展开相应的规划设计。这种智慧在以前的中国随处可见，所以“不列颠的头脑”李约瑟评价中国乡村最大的特点就是和自然有机融为一体，有节制地利用自然繁衍生息。同样在城市建设中，我们以四川成都城为例，距离成都城几十公里的金堂夏天经常被洪水淹，但成都城却鲜有这样的遭遇，这就是选址的智慧。另外有些城市的城墙除了御敌，还兼有防洪功能。安徽亳州的城墙哪怕洪水都快涨到城墙头，但是城墙里边的水可以排出去，外面的水却进不来……这些都是值得研究的地方。

记　者　这种尊重自然的理念对当下的建筑设计和城市建设有无作用？

王其亨　中国自古就倡导顺应和利用自然，也就是现在说的永续利用和可持续发展。说到未来的中国城市如何发展，我觉得成都现有的一些做法是值得借鉴的，至少它考虑到了城市的园林化。比如在居民小区几百米内一定有开放的公园、大量高架桥墩爬满爬壁虎让人恍如进入原始森林。人本能地喜欢绿色，作为城市的掌舵人应该考虑到百姓的这个需求。

（吴晓铃）

32

提　要

- 历史典籍版本从历史深处走来，是中华文明的重要载体，蕴含着中华民族的深邃智慧

- 所谓的文化认同，首先应该是情感上的认同

- 让收藏在博物馆里的文物、陈列在广阔大地上的遗产、书写在古籍里的文字都“活起来”

- 让古籍“活起来”是一种手段，目标还是让现在的人能够很容易地读懂古籍、爱上古籍，把不懂的东西变成懂的，把懂的东西继承下来，从而建设好我们今天的文明

- 国家版本馆保存“书种子”，对中华民族的文化传承来说，是有不可替代的重要作用的，这也是历史给我们提供的非常重要的经验

杜泽逊

版本目录学家
山东大学讲席教授
《文史哲》主编

人物简介

杜泽逊，山东滕州人，版本目录学家，山东大学讲席教授，儒学高等研究院中国古典文献学专业博士生导师，《文史哲》主编兼编辑部主任，尼山学堂（山东大学古典学术人才培养实验班）班主任，教育部“长江学者”特聘教授，全国文化名家暨“四个一批”人才。

主持国家社科基金特别委托项目“《永乐大典》存卷综合整理研究”、国家社科基金重大项目“《五经正义》汇校与研究”、国家古籍保护中心委托项目《日本藏中国古籍总目》、国家清史纂修工程项目《清人著述总目》《清史·典籍志》等。

著有《文献学概要》《四库存目标注》《微湖山堂丛稿》《尚书注疏校议》等，主编《尚书注疏汇校》《齐鲁文库·典籍编》等。

历史典籍版本从历史深处走来 蕴含着中华民族的深邃智慧

2024年3月的一天，记者在山东大学校园内初见山东大学讲席教授、《文史哲》主编兼编辑部主任杜泽逊时，他正在跟《文史哲》编辑部的同事一道，校对一篇将要发表的文章。

今年初，杜泽逊正式接手《文史哲》的管理工作。而除此之外，日常的教学以及古籍整理工作，依然在他的日程表上井然有序地进行。

在一般人的认知里，古籍整理是一项过程很安静、节奏很缓慢的工作，但当我们跟杜泽逊教授交流后发现，每天从清晨一直到深夜，他的时间被各项工作占得满满当当。

“医生救人的命，我们救书的‘命’。”杜泽逊说，古籍整理并不是大家通常以为的一项悠闲的工作，实则充满了时不我待的紧迫感：校勘、标点、注释、今译、数字化……今天，等待古籍整理者们去做的工作不仅多，还很急迫。

◆ 走向古籍

源于童年时代的文学启蒙

对自己是如何走上古籍整理这条路的，杜泽逊表示：“我对文学和国学的兴趣受到了父亲的深刻影响。”杜泽逊的父亲曾就读于滕县的师范学校，距离毕业还有半年时间，学校解散，他回农村做农业技术员，后几经辗转当起了当地民办学校的教师，从小学一年级一直教到高中毕业班，主要教语文，也教数学、农业。“在我小的时候，父亲整天看书，夜里经常对着小小的窗户，借着月光读书。”杜泽逊至今记得，《红楼梦》《聊斋志异》，以及鲁迅、萧红、萧军的书都是父亲常看的。

因为是村里的文化人，当地逢年过节、婚丧嫁娶时，杜泽逊的父亲也会受邀为大家写幛子、写春联，诸如“岱岭云深”“德配曹孟”等雅驯辞藻所营造的深远意蕴，也给了幼年的杜泽逊深深的文学启蒙。

在这种环境的耳濡目染下，杜泽逊于1981年考入了山东大学中文系。彼时，山东大学中文系名师云集，在他们的引导下，杜泽逊一步一步开始了学术生活。在这个过程中，他也有了更加明确的目标——期望将来能当大学老师。“那个时候，硕士毕业就有机会在大学当老师。那我就一定要读硕士。”

当时，山东大学古籍整理研究所第一次招考研究生，杜泽逊成为首批10名学生之一，在霍旭东、王绍曾、王培元等先生的引领下，逐渐走进古籍整理这门复杂学科的大门。“我上大学的时候就对语言学比较感兴趣，而古籍整理里面，就包括文字学、音韵学、训诂学等内容，我觉得很适合我。”

◆ 介绍古籍

从《九章算术》看古籍生生不息

2023年6月1日，习近平总书记到中国国家版本馆中央总馆视察。在兰台洞库，杜泽逊小心翼翼翻开斑驳的文津阁本《九章算术》，向总书记介绍：“它可以说是我们科技的老祖宗了，负数、分数、方程、勾股定理，在当时最领先。”

习近平总书记颇为感慨：“我们的祖先，在科学发萌之际，是走在前面的。千百年来，中华民族没有中断，中国文化没有中断，但在数理化上有些中断，被赶超了。”

泛黄的纸张、隽永的墨迹，无声讲述着文明星河的赓续。跨越多少春秋，历经多少沧桑，它们才来到今天。

“我最关心的就是中华文明历经沧桑留下的最宝贵的东西。我们文化不断流，再传承，留下的这些瑰宝一定要千方百计呵护好、珍惜好。”心系中国国家版本馆的建设，总书记语重心长地托付道，“拜托你们了！”亲耳聆听习近平总书记的重要要求，作为古籍工作者，杜泽逊深感责任重大、使命光荣。

回溯《九章算术》的历史，可以很深切地感受到古籍命运的波折和古籍整理的必要。作为一部定型于汉代的数学专著，《九章算术》总结了我国从先秦到汉代的数学成果，在唐代被列入国子监算学馆的《算经十书》之一。然而，在漫长的流传过程中，这些算经后来竟慢慢失传了，《九章算术》南宋汀州刻本仅存前五卷，后四卷失传。所幸明代永乐年间修《永乐大典》时，这些算经大都被引用。清代乾隆年间编修《四库全书》，四库馆臣戴震从《永乐大典》中辑出，并精心校订、补图，《九章算术》九卷基本恢复了全貌。

“从这个历史过程中可以发现，历史典籍版本经过种种曲折流传下来，成为中华文明生生不息、发扬光大的宝贵财富，离不开每一个时代有心人的精心呵护。”杜泽逊表示。

◆ 整理古籍

在《永乐大典》整理中寻找民族智慧

从2021年起，杜泽逊开始主持国家社科基金特别委托项目“《永乐大典》存卷综合整理研究”。“目前，我们正在对传世的《永乐大典》进行系统性整理，包括高清影印、标注现代标点、用国家繁体字出版物通用字形予以排印出版、推进数字化等。此外，还在推进‘分书重编’工作，要把《永乐大典》割裂引用的古书逐条拆分、各归其书，从而使《永乐大典》引用的典籍文献辑集成书。”这是一项庞大的工程。作为一部集中国古代典籍之大成的类书，《永乐大典》全书22877卷、11095册，约3.7亿字，汇集图书七八千种，内容包括经、史、子、集，涉及天文地理、阴阳数术、医学占卜、释典道经、戏剧表演、手工农艺等，涵盖了中华民族数千年的科技与人文知识财富。

对《永乐大典》的整理研究，既涉及对古籍中的字体字形进行考证，也需要引经据典为文本确定标点，让一部可能充满传抄差错或者断句争议的古籍变得清晰可读。

类似《九章算术》这样，原作散佚，但依托《永乐大典》《四库全书》等的引用，经由古籍整理专家还原的古代典籍还有很多，这也可以从一个侧面看出“《永乐大典》存卷综合整理研究”的重要性。

“《永乐大典》现存800多卷、400多册，只占全书的4%。庚子事变，东交民巷的翰林院损毁太严重。很可惜！”对于《永乐大典》本身的严重损毁，杜泽逊感到十分遗憾。“历史典籍版本从历史深处走来，是中华文明的重要载体，蕴含着中华民族的深邃智慧。做好历史典籍版本的研究和挖掘，需要我们把整理工作做深做细，这项工作任重而道远。”

◆ 理解古籍

要尊重古代融通的学术状态

为什么说古籍整理是复杂的？“我们现在分科了，有文学、历史、哲学等不同的学科，大家的知识体系是不一样的。但在古人那里，这种区分是不存在的，如果你不尊重古代融通的这种学术状态，那么整理古籍的能力肯定是有欠缺的。”杜泽逊说。

杜泽逊以古典文学研究举例，首先要过语言文字关，要知道这些文字的含义。在此基础上还要过历史关，要知道这个作品是在什么时间什么地点写成的、当时的社会环境怎么样、作者的心情如何，并最终能够上升到美的层次。哲学与历史著作的研究路径也类似。

在杜泽逊看来，整理一方面是对传统文化的传承，同时也是对整理者自我的提升，“你对于前人的理论可以在自己的实践中加以印证，其中不完善的地方可以完善，从而逐步形成自己有切身体会的完整的知识体系、理论体系和方法论，这样你就成了一个既有理论修养又有实践能力的比较完善的人。尤其是你要当老师的话，这才算是合格的老师。”

“我的生活可以说是学术生活，也可以说是项目生活。”杜泽逊说，自1987年参加工作以来，他几乎没有脱离过集体项目，这些项目有的是国家级的，有的是山东省级的，“这样的生活不见得适合很多人，但对我来说是相对适合的。我没有想过更好的人生是什么样的，也没有时间去想那些没用的问题。一有时间我就考虑赶紧干项目，完成科研任务。”

杜泽逊所从事的古籍整理研究工作，在中华优秀传统文化的传承中具有重要意义。结合自己数十年的教学和科研，他认为：“所谓的文化认

杜泽逊出版的著作

同，首先应该是情感上的认同，不能说仅仅是基于对博大精深的传统文化的一种膜拜、一种仰慕，那样的话其实还是置身事外、景外观景的感觉。我们说传承、说发展，首先应该是要融入其中。你得泡在里面，去感受中华优秀传统文化精神层面的东西，去感受古人那种意境。”

让古籍活起来，还有许多工作要做

让现在的人能够读懂古籍、爱上古籍

记　者　我们古籍整理的一个重要目的是促进古籍的传承，让古籍活起来。那么从当下时代出发，您认为要真正让古籍活起来，我们还需要做好哪些方面的工作？

杜泽逊　习近平总书记强调，要“让收藏在博物馆里的文物、陈列在广阔大地上的遗产、书写在古籍里的文字都活起来”。就古籍整理来说，我认为活起来首先是说，古人的思想活动、审美活动、他们的奋斗、他们遇到的各种麻烦，以及他们的处事智慧和失败教训都记载在古籍当中，如果我们深入地去阅读，这些内容本身就是鲜活的。但是古籍一般是繁体字，没有标点，并且它们大多是文物，被放在库房里，一般人不容易看到，即便给你看也可能有阅读困难。从这个意义上讲，它又好像没活起来。

怎样让现代人比较容易地接触到古籍里的内容，并且看得懂呢？首先需要把古籍数字化，对原书进行图像扫描，这样愿意看原件的研究者就可以随时来看原始古籍的图像。在此基础上，再由专家对它进行标点、注释、翻译，把里面精彩的故事摘录出来做选译，甚至可以学习鲁迅先生的《故事新编》，把古籍里的内容用适合现代人阅读的文体写出来，做成短篇等。总之，用各种方式把古籍的内容呈现出来，让各个层次的读者都能很容易地接触与领会，这样我们的古籍才能深入人心——一是传承、受感动；二是认识我们的祖宗、长知识；三是创造性地用于我们现在的生活和工作当中，进行现代化转换，变成当下文化建设的资源，也就成了源头活水。

在这个过程中，我认为比较重要的是要对古籍所传递的核心理念、核心概念进行提炼。一方面是今天的人来提炼，另一方面古人自己的提炼也可以借鉴。比方说，仁义礼智信、忠孝节义、修身齐家治国平天下、礼义廉耻。仁义礼智信中的“智”，可能一般人认为是“智慧”，但“智慧”不像是一个行为准则。我们回到孟子，他说“是非之心，智之端也”，首先要能分辨是非，然后要能够坚持是而远离非，如果我们读书做人做事能守住这条基本准则，它就成了走向文明社会的一个指南。诸如这样的提炼，基本上也被吸收进了我们今天的社会主义核心价值观，不过我们也在接受新时代的新生活内容，让新时期的价值观归纳得更全面，但是这之间的传承发展是能看得出来的。

所以我们说让古籍“活起来”是一种手段，目标还是让现在的人能够很容易地读懂古籍、爱上古籍，把不懂的东西变成懂的，把懂的东西继承下来，从而建设好我们今天的文明。

国家版本馆中收藏的都是“书种子”

记　者　2022年，“一总三分”的中国国家版本馆正式开馆。作为古籍整理领域的专家，您如何理解建立国家版本馆的重要意义？

杜泽逊 去年五六月间，我因为工作原因去到了国家版本馆总馆，这让我对国家版本馆的整体设计以及它的目标有了更清晰的认识。在我看来，它的目的是保存文化遗产。它选址在北京北面的昌平，离十三陵比较近，这个地方坐北朝南、三面环山、南面开阔。西面的山底掏空，做成比较大的书库，把我们国家的出版物，甚至海外的出版物放在那里面，有这么好的条件，藏书保存1000年、2000年都不在话下。

从建筑设计来看，它显然是受敦煌的影响，包括地下书库屋顶上面装饰的花纹，也有点像敦煌彩画，里面的藻井又自然，能够让我们想到敦煌藏经洞。我认为这里面是有一种内在联系的：在唐代，当时书都是卷子，你要是想在长安、洛阳买个卷子应该是比较容易的，就像我们现在从书店买本书一样。但是这些卷子自然而然地流传到今天的数量相当罕见，因为从宋代开始，大量的宋版书出来了，读书人要读《史记》《汉书》《论

杜泽逊出版的著作

语》《孟子》，旧的不行就买本新的，那么老的卷子就逐渐废弃了。

敦煌藏经洞里发现的卷子有数万件，它们能够保存到今天，是因为封闭在这个洞里面。今天我们建设国家版本馆，把现在比较容易找到的书都找来放在里面，假定说等到300年、500年以后，有些书已经不太好找了，依托国家版本馆的数字化目录检索，人们发现这个地方还存着这种书，那么完全可以由国家版本馆提供电子版，或者利用馆藏资源进行重印，那么这些在国家版本馆中的藏书就成了“书种子”。

“书种子”这个词早就有。比方说以前开书店的，他手里有一个秘本，你有需要，但是他不能把这个东西卖给你，那就把这个书抄一份给你，这是历史上传抄本的一个很重要的来源。而留下的底本就是“书种子”。当然，我们也会把很能读书、读书多的人称为“书种子”，但是实际上这个意义是一样的，就是它作为一个根，能发芽、能开花、能结果，能成为一个很重要的策源地。国家版本馆保存“书种子”，对中华民族的

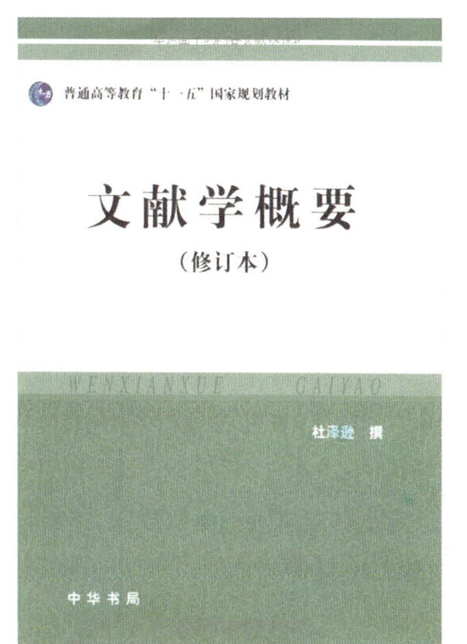

杜泽逊出版的著作

文化传承来说，是有不可替代的重要作用的，这也是历史给我们提供的非常重要的经验。此前，我们已经有国家版本图书馆，所有出版社的出版物都要放到那里存档。我们许许多多的图书馆在提供借阅的同时也保存图书。但是国家版本馆的功能就更加完备，条件更加完善，级别更高，保存条件更好，我认为这是一件千年大计。同时，我也认为文化财富的保存应该是多渠道多手段去实施，多重保险肯定更有利。

要把学术界的前瞻性浓缩到《文史哲》上来

记　者　您从今年初开始担任《文史哲》主编兼编辑部主任。请从这个新身份角度，谈一谈您想给读者呈现一本什么样的《文史哲》？在这个新岗位上，您又希望如何去推动本土人文研究的创新发展？

杜泽逊　《文史哲》创办于1951年，是新中国最早创办的大学学报。就像名字中的“文史哲”3个字一样，它是属于人文学科的，它的稿源面向全国，也面向海外。

经过70多年的建设，《文史哲》已经走出了自己的路，形成了鲜明的风格，在学术水准、外审程序上来说也是非常严格的。我作为主编兼编辑部主任，从《文史哲》的发展看，我想首先要沿着原来已经形成的优势特色来往前推进，已有的这些行之有效的章程要遵守，所以“萧规曹随，率由旧章”这8个字是我的信条。当然，在传承当中要求发展、要与时俱进，所以要紧跟学术的步伐。

习近平总书记在给《文史哲》编辑部全体编辑人员的回信当中特别强调，“高品质的学术期刊就是要坚守初心、引领创新，展示高水平研究成果，支持优秀学术人才成长，促进中外学术交流”。如何通过创新引领学术发展？我认为就是说我们在办刊理念上要具有前瞻性。

那么前瞻性从哪里来呢？我们，尤其是我个人，并不认为这来自主编，而是要广泛地向学术界的高水平作者学习，经由他们的认识，把学术界的前瞻性浓缩到《文史哲》上来，这样才能真正具有前瞻性。当然，我们编辑部以及庞大的外审专家队伍对前瞻性的把握也是一个关键。人家具有前瞻性，我们没有认识到这种前瞻性，这就是我们的失职。

所以我们要不断地学习，不断地提升我们的学术判断力，同时也要广泛地请教，减少不必要的失误。我希望能把《文史哲》越办越好，让国家、学术界能够给予《文史哲》更大的关注。

培养有编字典能力的古籍整理人才

记　者　从人才培养的角度来看，面向未来，您认为我们需要什么样的古籍整理人才？

杜泽逊　我们山东大学办了一个尼山学堂，宗旨是要培养国学大师。从更基础的角度来讲，我认为我们要培养古籍整理的高端人才。

什么叫高端人才？我们读古书读不懂了，可能会上网去查，而网上的答案又来自《中国大百科全书》《辞源》《辞海》《汉语大字典》《汉语大词典》这样的工具书，我们对它们的信任程度是很高的，基本上认为是标准答案。参与编字典、词典的专家必须能代表国家最高水平。古籍整理方面的高端人才，就应该具有编字典的能力。

经过10余年的实践，山东大学尼山学堂逐步摸索出一套国学人才的培养经验：第一开得好课程，第二招得好学生，第三请得好老师。我们开设的课程都是经史子集的核心课程，包括了《周易》《尚书》《诗经》《左传》《昭明文选》《文心雕龙》，等等。那么老师从哪里来？尤其是高水平的专家从哪里来？我们首先是从全校来请，如果校内不够，就校外请，像“《周礼》导读”就请的是南京师范大学王锷教授授课，“骈文写作”是华东师范大学刘永翔教授授课。我们一个班才20几位同学，但是我们组建了一支49人的导师队伍。

学生来源方面，在大一下学期规定的转专业时间，我们面向全校文理工医各科发广告招生。考题从“前四史”中出，以繁体字印刷，让考生标点、翻译一小段，然后写个读后感，相当于是个擂台赛，再加上面试来筛选。每年大概有100来名学生报名，中文、物理、化学、外国语、药学、机械、经济、法律的都有，我们会给面试后的前20多名学生打电话，问学生是否跟家长沟通过、是否真心实意要来，一天之内要给我们准确的回答，这样确定每一年最终的入选名单。

除了课程外，学堂的学生也会经常参加各种重大项目，比如《永乐大典》的拆解工作，大部分都是尼山学堂的学生在做，还有文学院强基班的学生做的。《永乐大典》就像一个复杂的建筑，要认识这个建筑是怎么建起来的，拆房子是很重要的一个环节，这也是我们培养青年的一种办法。同时，每年一次的论文报告会，我们会根据学生的选题，请专家教授一对一指导，以此来培养学生学术上的创造力和创新性，在这个过程中也产生了一批完全超乎我们想象的优秀论文。

（成　博）

33

提要

- 围棋里面蕴含的是几千年来中华民族哲理智慧与思辨意识的结晶，围棋文化更是中国人思维方式甚至是中国人形象的代表与缩影

- 如果把围棋十诀中的每一诀单独拿出来讲，都可以体会到人生的一些哲理，正所谓“人生如棋，棋如人生”

- 围棋是我国琴棋书画四艺之一，因其完美地将科学、艺术和竞技三者融为一体，有着发展智力、培养意志品质和战略战术机动灵活的特点

- 围棋现在已逐渐发展成为一种国际性的文化竞技活动

- 围棋有利于开阔思维，培养大局观，推广围棋并不是一定要出顶尖人才，而是可以激活人的思维

聂卫平

中国围棋协会名誉主席
著名围棋职业棋手

人物简介

聂卫平，河北深县（今河北省深州市）人。中国围棋职业棋手，围棋教练，中国围棋协会名誉主席兼技术委员会主任，中国棋院技术顾问。1982年被中国围棋协会授予九段。1988年被授予围棋“棋圣”称号。1999年被评为“新中国棋坛十大杰出人物”。他在前四届中日围棋擂台赛中取得了11连胜，获得“聂旋风”美称，带动了一大批围棋爱好者。

近年来，聂卫平积极参与围棋相关活动，以实际行动推动普及围棋，弘扬中华优秀传统文化。其代表著作有《我的围棋之路》《聂卫平自战百局》等。此外，他还主编了数套围棋规范教材，使围棋的普及和研究走上了规范化、系统化的道路。

让中华传统文化中的精华成为全世界的精神财产

2024年3月2日，第23届中国围棋西南棋王赛在成都杜甫草堂博物馆草堂棋社开枰。71岁的聂卫平又一次来到成都，来到草堂，在决赛期间举办的“棋城讲坛”登台开讲。参加推广围棋的活动，聂卫平总是不遗余力。正如他在《聂卫平：围棋人生》一书中写到的：“只要对围棋有利的事情，我就会去做。”

“围棋里面蕴含的是几千年来中华民族哲理智慧与思辨意识的结晶，围棋文化更是中国人思维方式甚至是中国人形象的代表与缩影。”聂卫平说。

◆ 人生如棋

在困苦中磨砺棋艺

“一张棋枰，一杯香茗，一把纸扇，一壶熏香，深深地铭刻着中国文化的博大与精深。”坐在杜甫草堂旁一家古色古香的酒店里，聂卫平抿了一口刚刚泡好的香茗，侃侃而谈。

聂卫平说，他喜欢上围棋是小时候受父亲的影响。9岁学棋，在张福田、雷溥华、过惕生、陈祖德、吴淞笙等老师的辅导和自身的努力下，聂卫平棋艺大进。他运思敏捷，算路精确，灵活善变，小小年纪便崭露头角，10岁时就在北京市少年儿童围棋赛上夺得冠军。1965年，在成都杜甫草堂举行的“十单位少年儿童围棋比赛”中，聂卫平获得了人生的第一个全国棋赛冠军——男子儿童组冠军。年轻时，聂卫平在黑龙江农垦系统生活过几年。尽管干的都是体力活且可以支配的时间很有限，但聂卫平仍尽可能利用一切机会与围棋爱好者切磋棋艺。多少个不眠之夜，他似乎总能听见棋子敲击棋盘的清脆声音，如美妙的音乐一般，令人心驰神往。

当地老百姓没见过围棋，见聂卫平拎着白白黑黑的扁圆物，都形象地称它“白纽扣”“黑纽扣”。一个冬季的早晨，聂卫平冒着零下40摄氏度的严寒找一位棋友下棋。两个人摆开架势厮杀了两天一夜，从布局、圈地、救子的棋局里，聂卫平找到了快乐。

短暂的棋会让聂卫平意识到，他的生命里不能没有围棋。在艰苦的环境中，他教会另一位青年和他对弈，坚持练习。

1972年聂卫平返回北京后，以前曾打败他的几位国手，这次竟出乎意料地被他一一击败了。后来，聂卫平有所感悟地说：“到了北大荒，看着那一望无边的田野，顿时感到天高地阔，人的境界不自觉地就提高了一大截。再加上艰苦环境对我意志的磨炼，使我的棋艺在意境上产生了一个飞跃。”

虽然北大荒的环境非常艰苦，但正是这种磨炼，让聂卫平悟出了围棋之道的“意境”。“围棋术语有一个入界宜缓。指的是，打入对方阵势要徐徐图之，不能急于求成；另外，‘宜缓’从广义上去理解，还有另一层含义，即在没有合适侵消点的场合，从全局将对方限制在一定的范围之内，等待入侵时机。这是一种以静制动的后发制人之策。”聂卫平说，这只是围棋十诀中的一诀，如果把围棋十诀中的每一诀单独拿出来讲，都可以体会到人生的一些哲理，正所谓“人生如棋，棋如人生”。

◆ 一方棋盘

见证围棋腾飞

围棋起源于中国，传承千载。但近现代以来，中国围棋经历了很长时期的低潮。20世纪五六十年代，中国棋手对阵日本超一流棋手几无胜绩。“1961年日本围棋代表团访华，团里有个老太太伊藤友惠只有五段，却横扫当时中国顶尖棋手。几年后，这样的局面有所改观。主要是我们的实力、技术水平提高了，心态自然也变化了。”聂卫平说。

聂卫平回到北京后，工作之余，他的兴趣始终是围棋。1973年，中国棋院重建，聂卫平入选30人的中国围棋集训队，正式开启围棋人生。1974年，由日本关西棋院成员组成的代表团访问中国，聂卫平战胜了此前连胜6场的宫本直毅九段，初露锋芒。1976年在中日围棋对抗赛中，率团访日的聂卫平战胜了当时日本超一流选手石田芳夫九段，以6胜1负的成绩在当时的“围棋强国”日本被称为“聂旋风”。

事实上，1974—1980年间，聂卫平先后与日本九段棋手对弈30局，胜多败少。同时，这一时期国内的大部分棋赛冠军也被聂卫平一人包揽。

但让聂卫平这个名字真正被外界所熟知，还是20世纪80年代举国瞩目的中日围棋擂台赛。1985年，在第一届中日围棋擂台赛上，以聂卫平为首的中国棋手赢得一次里程碑式的胜利，这次胜利打破了日本围棋“不可战胜”的神话，极大地激励了中国围棋界的自信心。

“棋手都是穿西装比赛，但第一届擂台赛的时候，我特意找乒乓球队借了一件印有‘中国’二字的运动衫，来表示我的信念和决心。最后当我战胜日本队主将藤泽秀行时，人们激动地喊出‘振兴中华’的口号。当年很多看棋的年轻人也因此成为围棋爱好者。”谈起这段颇为辉煌的职业生涯，聂卫平抿上一口茶，继续沉浸在他的思绪当中。

随后几年，聂卫平连续数届担当中国队主将，更是在前四届中日围棋擂台赛中取得了11连胜的战绩，对围棋在我国的普及产生了深远影响。

围棋史上最年轻的“七冠王”柯洁谈到聂卫平时，非常佩服。“聂老当年在擂台赛上3次守擂成功，鼓舞了一代人。听说当时走到哪里都有人谈论围棋，大家开始了解围棋、热爱围棋。当时，中日围棋擂台赛的影响力和关注度，远远超出体育的范畴，这个成就几乎不可复制。”当时，

“聂卫平”这个名字几乎家喻户晓，成为全民偶像和时代英雄，还掀起了全国学围棋的热潮，影响力不亚于当年5连冠的中国女排。“国运兴，棋运兴。中国围棋的腾飞是与改革开放同步的。改革开放以后，中国围棋人才济济，逐渐在世界上处于领先地位。”聂卫平说。始于20世纪80年代的中日围棋擂台赛不仅是聂卫平围棋生涯的巅峰，也是中国围棋腾飞的转折点，一代代人追随“棋圣”走上围棋道路。

1996年至今，中国棋手数十次夺得男子个人、女子个人和团体世界冠军，大部分世界大赛落户中国，中国围棋也因此迎来“黄金时代”。“虽说20世纪90年代到2000年后，世界棋坛从中国、日本、韩国的三足鼎立，变成韩国围棋独领风骚，但中国围棋从2005年开始打翻身仗，以古力为代表的棋手与韩国棋手互有胜负。”作为中国围棋从弱小到强大的见证者，聂卫平谈起中国围棋的历史如数家珍，“分水岭是2013年，中国棋手一年包揽多个世界冠军，‘90后’人才辈出、大放异彩，中国围棋彻底翻身了，现在可以说已经对韩、日围棋占据优势。国富民强，体育才能强大，中国围棋会越来越好。”

◆ 推广围棋

四处奔波不遗余力

说到聂卫平，大家都会想到“棋圣”这个称号。1988年3月26日，在中国围棋队取得中日围棋擂台赛三连胜的庆功会上，聂卫平获得中国围棋协会颁发的中国围棋“棋圣”证书。“棋圣”是围棋手的最高荣誉，聂卫平获此称号，当之无愧。

“这个事情（获得‘棋圣’称号），我得意了几十年，也非常不安了几十年。”聂卫平称，当时年少轻狂，面对“棋圣”称号心安理得，之后才慢慢意识到国家给予的奖励和肯定有多高——他从来没有拿过世界冠军，却是中国围棋历史上唯一被授予“棋圣”称号的棋手。现如今，当大家称呼他“棋圣”时，聂卫平则多次纠正：“我也总有犯错误的时候，不敢当圣人。”事实上，除了“棋圣”，聂卫平还先后被评为全国劳动模范、北京市特等劳动模范、“五一劳动奖章”获得者、全国十佳运动员和亚洲十佳运动员等。1990年8月，聂卫平以761562票名列中国十大杰出青年榜首。1999年被评为“新中国棋坛十大杰出人物”。

20世纪90年代以后，聂卫平逐渐将运动员的接力棒交给了中国围棋的新一代棋手，开始承担起教练员的角色，为培养中国围棋界的后备力量而呕心沥血。常昊、周鹤洋、刘菁、王磊、古力、檀啸等众多中国顶尖棋手都是经过了聂卫平的悉心指点、大力辅导而成才。2013年，聂卫平被查出罹患直肠癌，手术后醒来的第一句话就是围棋术语——“拆三”。意思是三颗棋子，两颗先立住，再用另一颗拆开三位空，以赢得在边角围空的先机，是借助于厚势而围空的技巧。“2013年我的人生中出现昏招，得了一场大病。后来放出胜负手，现在应该算很好了，没什么问题了。”对于自己得了直肠癌入院动手术一事，聂卫平风趣地以围棋术语来形容。

聂卫平出版的著作

在经历生死考验后，面对生活，“棋圣”显得更加云淡风轻。自2014年在公开场合复出露面以来，聂卫平更加注重发挥自己的榜样力量，不遗余力地推广、普及围棋。积极支持中央电视台举办的“谁是棋王”“开讲啦”等相关节目，奔走各地参与普及推广围棋；上海、天津、成都、合肥、泰州……聂卫平的身影出现在全国不同城市、不同学校，为围棋进校园的事业添砖加瓦。其实，中国围棋界有个传统，不管是围甲联赛还是世界大赛期间，总会在当地安排讲棋或指导棋活动。只要时间允许，聂卫平都会参加，他希望通过这种方式让更多孩子了解、喜欢围棋。每次外出观摩比赛，想要找到聂卫平很简单，不在房间就是在研究室摆棋。

已经71岁的聂卫平精力旺盛，摆起棋来的劲头不逊年轻人。聂卫平说，“我这40多年一直和围棋相伴，每次有人邀请我参加围棋活动，我还是会去，为了围棋的活动，我还是会发挥自己的正能量。”

聂卫平在“四川航空·熊猫之路杯”2024年第23届中国围棋西南棋王赛上讲棋（成都棋院供图）

在前几年的一次访谈中，聂卫平说："作为围棋人，我们拥有两个梦。一个是中国梦，祝愿国家蒸蒸日上；另一个是围棋梦，希望围棋除了拿到世界冠军外，还要让更多的人会下围棋，受益于围棋，开发国民智力，提高全民的精神文明素质，并最终让中华传统文化中的精华——围棋走向世界，成为全世界的精神财产。"

倡导全民普及围棋，弘扬中华优秀传统文化

记　者　近十几年的时间，您一直都在不遗余力地推广围棋文化。在您看来，推广围棋文化和文化自信有什么关联？

聂卫平　琴棋书画在古时是文人四友，对应现在就是音乐、棋艺、书法、美术，而棋，指的就是围棋。围棋是棋类鼻祖，至今已有4000多年的历史。相传是尧发明了围棋，据先秦典籍《世本》记载："尧造围棋，丹朱善之。"魏晋南北朝时期玄学的兴起，使弈风更盛，下围棋被称为"手谈"。唐宋时期，围棋得到长足的发展。明清两代，通过频繁的民间比赛活动，围棋游艺更进一步得到了普及。长期为士大夫垄断的围棋，开始在市民阶层中发展起来。

围棋是我国琴棋书画四艺之一，因其完美地将科学、艺术和竞技三者融为一体，有着发展智力、培养意志品质和战略战术机动灵活的特点，现在已逐渐发展成为一种国际性的文化竞技活动。我们的传统文化很了不起，这就是我们的文化自信。

记　者　您一直在说，要普及围棋教育，就应该让围棋进入小学课堂，作为一种必修课，而不仅是一种兴趣爱好。为什么这么说呢？

聂卫平　自古以来，文人雅士都喜欢围棋，统治者也无不雅好弈棋，他们以棋设官，建立“棋品”制度，对有一定水平的“棋士”，授予与棋艺相当的“品级”（等级）。唐代“棋待诏”制度的实行，是中国围棋发展史上的一个新标志。所谓“棋待诏”，就是唐翰林院中专门陪同皇帝下棋的专业棋手。由于“棋待诏”制度的施行，扩大了围棋的影响，也提高了棋手的社会地位。这种制度从唐初至南宋末年延续了600余年，对中国围棋的发展起了很大的推动作用。

其实，围棋有利于开阔思维，培养大局观。推广围棋并不是一定要出顶尖人才，而是可以激活人的思维，无论对个人还是国家和民族都是有利的。

聂卫平出版的著作

由于中国的飞速发展，人民的生活水平得到极大提高。很多小朋友都生活在一个顺利的环境，平时很少遇到挫折。可是学围棋一开始就有一个特别的好处，就是让孩子受到挫折教育。因为你开始学的时候水平很低，所有的人几乎都是你的老师，都可以教你，你跟人家下棋你都是输。谁都认为自家的孩子是神童，我一学就能怎么样，其实不是那么回事，你必须得从最差的开始，提高之后才能慢慢变成最好的。

所以我觉得，中国围棋这么长时间一直能存在大众之中，它有很多突出的优点。我们作为围棋人，要对自家的围棋有文化自信，要对我们中国的文化自信作出自己的贡献。开展围棋教育，这就是一项利国利民、功在千秋的大好事。

下围棋可以提高小朋友的智商和情商，对学习有益，家长不需要担心小朋友学围棋会影响学习成绩。而且，学习围棋成本低，应该大力倡导全民普及围棋。过去不会下围棋的人太多，师资跟不上，你真的让小学开这个课是没有老师的。但是现在不一样了，大城市里围棋培训机构不少，完全有能力有条件开设这个课。小朋友学会了围棋，对他将来不论搞什么工作帮助都会很大。所以我也希望，社会有识之士、有能力有资源的人，能够提高对围棋教育的认识，多帮忙、多努力。让围棋尽早进入小学课堂，这是我们围棋人共同的围棋梦。

记　者　互联网时代，人们下棋与互动交流的难度降了很多，尤其是AlphaGo（阿尔法围棋）横空出世后，围棋技术更新换代的周期不断缩短。您怎么看待人工智能对当下围棋的影响？

聂卫平　曾经大家都认为围棋技艺已经被人类参透了，很难再有新突破。而AlphaGo却让我们看到了新的可能，重新点燃了大家挑战围棋新高峰的热情。从人工智能机器人AlphaGo横空出世，先后击败围棋世界冠军李世石、柯洁以来，短短数年，AI让围棋界经历了一场巨大的变化。现在AI给棋手们带来的不仅仅是挑战，更是一种颠覆。AlphaGo

不是一个东西，是汇集了成千上万种思路的围棋人工智能程序。

在没见识之前，我心里想，怎么会有智能程序比人还厉害？但是真正见识以后，我的想法是，把所有的高手捆绑起来“打狗”，也是打不赢的啊。不过只要是围棋的新鲜事物我就愿意支持。围棋发展到现在已经几千年了，而AI通过自学就独立发现了人类几千年才总结的规则，还建立了新的围棋策略。我很好奇人工智能还会给围棋这个古老的游戏带来哪些新变化。

我认为，AI现在的水平，可以让传统围棋高手1个甚至2个先手。对于专业棋手而言，我是赞成AI学棋方式的。现在我们应该拥抱AI、利用AI。据我了解，目前很多职业棋手都在使用AI训练和备战，利用AI进行训练，进步也比较快。我们应该要好好向AI学习。

AI在棋局中更具有大局观，而人类总是被局部的变化束缚住。目前，AI改变了围棋教学的方式，传统的围棋知识经过AI的检验后，很多定式或者结论都被淘汰了。以前老师教学方式很单纯，现在更多是要在AI教学中，引导孩子不停地观察、分析和判断，同时培养孩子的全局思维。

记　者　可以谈一谈您对中国围棋未来的期许和规划吗？

聂卫平　近年来，围棋市场的繁荣促进了中国围棋水平的大幅提升，除了“90后”世界冠军外，“00后”棋手也开始崭露头角。历经20世纪90年代后期的低迷，中国围棋在后备人才的培养上呈现欣欣向荣的态势。

未来，我还是希望我们国家的围棋能够登上世界的巅峰。这还需要我们现在这些年轻棋手、新的协会，还有我们国家队新的班子，大家群策群力，一块儿想办法努力，不但让中国围棋站在世界第一的位置，同时也让中国围棋的普及率达到世界第一。

（薛　剑）

34

提　要

- 鲁迅的杰出性在于，他在自己的世界里，创造了现代中国人的“精神话题”。这里既有对人的本体价值形而上的渴望，又有对生存意义的深切怀疑

- 要读鲁迅，就要读鲁迅著作的原文和整理国故的文字

- 对于传统文化，鲁迅是充满礼赞之情的，他继承并发扬了中华传统文化中有创造性的、朗然大气的东西

- 要做好文化传承，就要将目光关注点落在基层，不仅要关注乡间文明和民间的创造性，还要厚植健康的文化土壤，这样才能实现文化的良性发展

- 当我们遇到困苦和不幸的时候，鲁迅文字间流动的智慧与勇气，会成为我们行走的参照，那些鲜活的思想会陪伴我们走在克服困苦的路上

孙郁

中国鲁迅研究会原会长

中国人民大学文学院教授

人物简介

孙郁，本名孙毅，1957年生于辽宁大连。现为中国作家协会散文委员会副主任、中国人民大学文学院教授。曾任北京鲁迅博物馆馆长，中国鲁迅研究会会长，中国人民大学文学院院长。

孙郁从事鲁迅和现当代文学的研究工作多年，曾任《鲁迅研究月刊》主编、《中国现代文学研究丛刊》副主编，主要著作有《鲁迅忧思录》《鲁迅与陈独秀》《民国文学十五讲》等，主编《回望鲁迅丛书》《倒向鲁迅的天平》《被亵渎的鲁迅》《苦境：中国近代文化怪杰心录》等。曾获第12届华语文学传媒大奖“年度文学评论家”奖（2014），第二届汪曾祺散文奖（2018），第五届朱自清散文奖（2018）等。

有人说，孙郁并非纯粹的学者，正如鲁迅并非纯粹的作家。

他是学生口中的“酒窝爷爷”，三尺讲台上，将文学长河中的兴衰演变娓娓道来；他当过中国人民大学文学院院长，力倡“复兴母语的创造性书写”，在全国率先开设“创造性写作”二级学科；他还曾是北京鲁迅博物馆馆长，筹办了一系列所谓“不务正业”的活动，让鲁迅博物馆不再“板起面孔，高高在上”……

40多年来，虽然职业一直在变，但孙郁始终没有离开过文学研究与写作，尤其是鲁迅研究领域。他笔耕不辍，关注鲁迅研究中的“杂学”，撰写《鲁迅书影录》《鲁迅藏画录》等；他关注鲁迅精神遗产的继承与传播，著有《鲁迅遗风录》等；他还将授课内容结集成册，《民国文学课》在网上收获众多好评……在他温润的文字中，处处流露着他对鲁迅、对文学的热爱。

是什么样的情怀让孙郁始终保持着这份初心与赤诚？2024年4月底的一天，四川日报全媒体“文化传承发展百人谈”大型人文融媒报道记者带着这份好奇心走进中国人民大学校园，听孙郁谈鲁迅、谈文化传承。

◆ 博物馆库房中

发现鲁迅文学家之外的身份

之所以关注鲁迅，与孙郁的早期记忆有关。少年时期的孙郁开始思考一些社会问题，并尝试在书中寻找答案。而鲁迅的著作对社会、历史、自我的认识，虽然不太好懂，却给孙郁留下了深刻的印象。

1978年，孙郁进入大连一所师范学校读书。在这里，他遇到了带他走进鲁迅研究大门的叶德浴老师。叶先生在国内鲁迅研究领域小有名气，上课言简意赅、时有妙语，深深吸引了他，“我后来去读研究生，学习现代文学，专注鲁迅研究，与他当年的教诲是很有关联的。”

20世纪80年代，研究生毕业的孙郁如愿来到鲁迅博物馆工作。

鲁迅博物馆里藏品、资料丰富，这让孙郁可以更近距离、多角度地去重新理解鲁迅。在博物馆库房中，孙郁发现了鲁迅收藏的大量日文、德文、俄文书，以及中国野史、笔记、文字学著作等，还看到了鲁迅的六朝画像等大量藏品。这让孙郁发现了鲁迅文学家之外的身份，“鲁迅是带着诸种印记而进入文学的，却又不仅仅属于文学。”彼时，鲁迅博物馆日常主要做鲁迅作品的解读和普及工作，而孙郁决定从“边缘”入手，关注鲁迅研究中的“杂学”，撰写了《鲁迅书影录》《鲁迅藏画录》等著作。

在博物馆工作期间，孙郁参与编辑《鲁迅研究动态》。时至今日，他依然可以想起狭小的编辑部办公室里，许多鲁迅研究者围坐在一起谈鲁迅、谈文学时的情景。“有时一谈就是一夜，我的知识结构、对鲁迅的认识，是在鲁迅博物馆形成的。”孙郁说。

在鲁迅博物馆工作4年后，孙郁到《北京日报》做副刊编辑。由于需要联系作者、约稿、编稿，这让他有机会接触到张中行、汪曾祺等一大批知名作家、学者。走出概念里的世界，置身于当代文学场域的孙郁，感受到了与教科书中不一样的文学和社会。“其实笔墨的兴衰，有时隐在无词的言语里，浮在外面的表达不过是冰山一角。”

工作内容的转变，也让他从另外一个角度来审视当代文学场域。久而久之，他发现，这些中国现当代文学的亲历者，或多或少都是鲁迅传统的赓续者，这也为他后期写《张中行别传》等著作埋下伏笔。

◆ 举办跨界活动

让博物馆不再“板起面孔”

采访孙郁前，记者特意去参观了鲁迅博物馆。主展馆旁，记者看到一尊藤野严九郎的半身铜像。“其时进来的是一个黑瘦的先生，八字须，戴着眼镜……”当课本中的藤野先生真切地呈现在自己眼前时，百余年前，鲁迅在仙台的故事又重新浮现在脑海中。

谈及这尊铜像背后的故事，孙郁回忆起他在鲁迅博物馆担任馆长的经历。在报社工作10年后，孙郁重回鲁迅博物馆。彼时，鲁迅研究渐渐有“象牙塔化”的倾向。在学院派的话语体系中，对鲁迅的研究和思考更加细化，但与时代对话的功能却弱化了。

如何让鲁迅走出“象牙塔”，让更多人了解鲁迅？

联系鲁迅的个人经历，孙郁决定加强鲁迅博物馆与日本学界的交流互动。2005年，鲁迅博物馆与日本东北大学、日本驻华大使馆等联合举办“鲁迅的起点：仙台的记忆”国际学术研讨会，邀请来自中国、日本和澳大利亚等国的学者发表演讲。2006年，鲁迅与藤野先生惜别100周年时，鲁迅博物馆与日本芦原市政府商定互赠鲁迅和藤野铜像。次年，位于鲁迅博物馆内的藤野先生铜像揭幕。该铜像以藤野先生在仙台医学专门学校任教授时的照片为原型，神情严肃又温和。铜像下“藤野严九郎先生”几个字是鲁迅手迹，辑自《藤野先生》一文。

与此同时，鲁迅博物馆内的“在鲁迅身边听讲座”系列活动也在轰轰烈烈地举行。讲座第1期邀请的嘉宾是著名画家陈丹青，题目是《笑谈大先生》。“我国文学教育很少提到鲁迅与艺术的关系，在大学美术课里面偶尔讲起鲁迅与美术之缘，也只局限于现代版画。”那天的讲座，陈丹青从画家和学者的角度，对人们印象中的鲁迅形象进行重新建构，现场效果极好。孙郁至今都记得，那天的观众挤满了大厅。首战告捷，鲁迅博物馆陆续邀请了莫言、刘心武、单霁翔等文化名人进行演讲。“前前后后做了

20多期讲座，很受欢迎。”孙郁回忆。讲座之外，鲁迅博物馆还策划举办了汪曾祺、王小波手稿展，并邀请民间藏书家韦力进行藏品展览。

通过这些跨界活动，不少人发现，鲁迅博物馆不再“板起面孔、高高在上”，而成为更接地气、更具活力的文化交流场，更多人走进博物馆，认识鲁迅、了解鲁迅。

◆ 三尺讲台上

在学生心中种下文学的“种子”

一顶鸭舌帽，一条绒围巾，拎着一摞书或者鼓鼓囊囊的包走进教室的孙老师，在课堂上旁征博引、娓娓道来，讲鲁迅、讲尼采，谈人生、说文学，到了有趣之处，就停下来笑着说：“你看，就是这么好玩儿。”然后露出两道深深的酒窝。在北京采访期间，孙郁毕业多年的学生向记者回忆起当年上课时的场景。

孙郁出版的著作

从馆长到教授，52岁那年，孙郁又一次转换身份，成为中国人民大学学生口中的“酒窝爷爷”。问及缘由，他说，与馆长相比，他更喜欢在大学教书，与青年一起，激发彼此思考的火花。

10多年来，孙郁讲授最多的就是文学史。孙郁喜欢结合自己的人生经历和主观体验，带学生进入文学与时间的长河，“教师的任务之一，是与学生一起体验过往的精神，发现我们生命里缺失的存在。”有时间的话，他还会带学生参观鲁迅博物馆、老舍故居等，让课本里的知识走进生活，变得可感、可触。有学生如此回忆，“孙老师在年轻的我们心中种下了一颗文学的‘种子’。毕业后，经历多了，偶尔想起课堂上的某句话、某个故事，恍然大悟。”

知识重要，审美也很重要。在孙郁看来，汉语还有传达审美的功能。“审美教不了，只能用熏陶的方式。”所以，课堂上，孙郁总是鼓励学生多写鉴赏文章，“因为我们讲文学史，要用精善秀雅的文字来写，培养他们对美的感受能力和表达能力。”

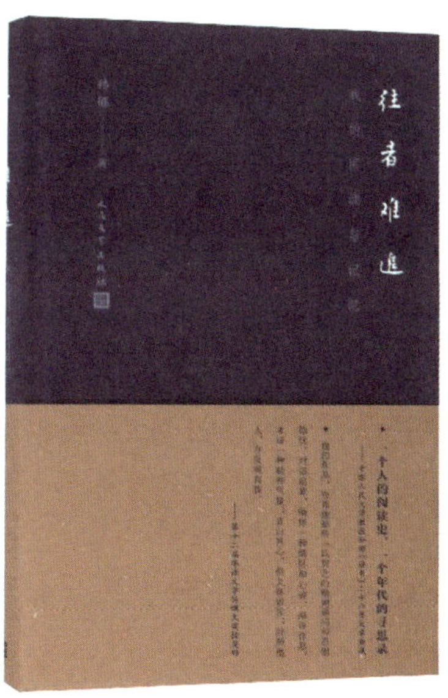

孙郁出版的著作

也是基于这一考虑，孙郁力倡“复兴母语的创造性书写”，将“不同语言风格实验，内化在文体中”。他邀请阎连科、刘震云等一批当代知名作家加入教师团队，并在全国率先开设“创造性写作”二级学科。几年来，中国人民大学的创造性写作作家班培养了一批优秀学员，其中，沈念、张楚、孙频等多位创造性写作专业学生获“鲁迅文学奖”“茅盾文学新人奖”“郁达夫小说奖”等。

回望来路，孙郁说，他总是困惑于自己的职业。“我一直在找自己喜欢的工作。年轻的时候喜欢当编辑记者，主要有了解社会的冲动。中年后就想安静下来，博物馆是可以思考的地方。后来去大学，是希望与青年在一起，激发自己的创造力。”于是，他不断变换角度面对自己的内心和这个时代对话。但变换之中，始终不变的是，他对鲁迅、文学、传统文化的一片赤诚与热爱。

鲁迅是一种精神存在，今天对我们依然有影响力

鲁迅的文本直面我们生活中的矛盾和困惑

记　者　有人说，鲁迅的作品有强烈的时代烙印，放在当今时代已经过时了。如何看待这一说法？

孙　郁　鲁迅的杰出性在于，他在自己的世界里，创造了现代中国人的

“精神话题”。这里既有对人的本体价值形而上的渴望，又有对生存意义的深切怀疑。

对人的本体价值形而上的渴望主要体现在他对人的有限性思考。他主要是思考人能认识什么，不能认识什么。这一点与康德有相似之处。鲁迅年轻时说“首在立人，人立而后凡事举”，就是首先要把人立起来，每个人都要成为自己，而不是成为他人。他希望，每个人成为自己，并鼓励大家要靠一种精神的突围来寻觅新的、有智性和趣味的生活。

我们的生活永远有矛盾、有困惑，鲁迅的文本是面对这些矛盾和困惑的。我们可以看到，鲁迅在叙述一个话题时，往往会包含另外一个相反的话题。他不是二元论的、具有矛盾性的思维，而是在残缺的人性里能看到暖色的东西，从常人中看到黑暗的东西，是“于浩歌狂热之际中寒；于天上看见深渊。于一切眼中看见无所有；于无所希望中得救”。比如，在《故乡》的结尾，鲁迅这样写：“希望是本无所谓有，无所谓无的。这正如地上的路；其实地上本没有路，走的人多了，也便成了路。”这句话看似简单，但是一种类似存在主义哲学的表述。而从这句话中，我们可以读出这样的一层意思：鲁迅是鼓励大家要在没有路的地方走路，因为人一生的本质是由自己决定的，走了什么样的一条路，人生就是什么本质。鲁迅的作品能启发人们对社会现实的深刻思考，帮助我们更理性地看待当下的各种社会现象。所以，这样的一种精神存在，今天依然对我们是有影响力的。

记　者　鲁迅的这一精神是如何体现在现当代文学中的？

孙　郁　这几十年来，中国的很多作家都在不同程度上呼应鲁迅的传统。以川籍作家巴金为例，巴金在年轻时去北京投考大学，因为身体的原因未果。那时他身边带的就是《呐喊》。书中的文字那么深地击打着他的心。他后来在《家》里写旧家族的吃人，在意象上步鲁迅的后尘。这是一种不自觉的主题认可。巴金身上的鲁迅记忆一直到晚年都没有消失。他自己也承认，中国作家中，鲁迅的影响是任何人都无法取代的。莫言在小说里面继承了鲁迅很多精神，像《檀香刑》《酒国》等小说都有一点鲁迅的意象。

此外，我们在张天翼、端木蕻良，以及川籍作家沙汀、艾芜等很多作家的文字中都能读出鲁迅的某些精神。

记　者　阅读鲁迅，在当今有什么现实意义？

孙　郁　鲁迅的作品是有创造性的，里面有大的爱意和悲悯意识，以及对人性与社会存在着深刻的理解，无论是小说还是杂文，都传达了新文化的自由理念和普度众生意识。他的作品对不合理存在的批判，对于自我精神的内省，对我们现在都富有启示意义。翻看他的全集，会发现，作品揭示了不同阶层的不同生活，他自己认为，文学创作是为人生，目的在改良人生。

鲁迅有硬骨头精神，这是难得的。他主张要到实际工作中去发现和创造，不能在封闭时空里想问题，要有世界主义视野。他关于"拿来主义"的思想，对今人依然有启示意义。其中，那种在没有路的地方走路的探索精神，尤为可贵，是今人值得学习的。

记　者　阅读鲁迅的作品，您有哪些建议？

孙　郁　我们现在一般只读教科书上的鲁迅著作，这是不够的。要读鲁迅，就要读鲁迅著作的原文和整理国故的文字。只有进入鲁迅的世界，我们才可以看到，他让汉语有了巨大的弹性，那种意象的丰富、情感的叠加，都是可以跟世界上最经典的文本相媲美的。我自己的阅读经验是，年龄小的时候接触鲁迅作品可能看不懂，但很有用。因为，他的文字给我们呈现出的画面是难忘的，他会诱发我们去想象和创造一个另外的世界，让我们去超越认知的阈限。

除了原文，鲁迅翻译的作品也很丰富，他翻译的作品比他自己写的东西还多。不了解他的翻译史，就不会了解其创作与思想活动。此外，同时代人物的回忆、重要专家的导读也非常重要。

读懂鲁迅，还要发现文本背后的“暗功夫”

记　者　您说过“了解鲁迅，既要看文本的细节，也要有整体性观念”。在您的笔端，鲁迅是多面的：他不仅是一名影响深远的文学巨匠，更是一名在很多领域有广泛兴趣和造诣的杂家。我们如何理解这样的多面鲁迅？

孙　郁　要理解一个多面的鲁迅，首先要深入到他的知识结构里面去，发现其文本背后的“暗功夫”。鲁迅先生是以文学作品闻名于世的，大家都以为他只是一个小说家、杂文家。其实，他的爱好非常广泛。他对于金石学、考古学、历史学、艺术学包括自然科学等都有浓厚的兴趣。就金石学来说，他生前搜购历代拓本，品类丰富。史学方面，他更喜欢野史和乡邦文献。因为他认为，这里保留了非常珍贵的文化信息，比如我们民族朗健的、大气的且有创造性的、闪光的思想。鲁迅还是一名翻译家，一生翻译的作品很多，涉及15个国家77名作家的225部（篇）作品……晚年鲁迅所做的一件大事是领导了现代版画运动。新生的版画是在他的启示下发生的。他也因此被誉为“中国现代版画之父”，包括徐悲鸿、吴冠中、陈丹青等不少画家都是“鲁粉”。

记　者　是不是可以理解为，鲁迅是一个对新生事物接受能力很强的人？

孙　郁　是的。通俗一点看，鲁迅留意域外先锋派作品，经常看美国好莱坞电影。对于科幻文学，也有很深的认识。鲁迅甚至说过，中国未来小说的突破与否，关键是能否有科幻艺术。不过，在他去世之前，科幻文学还没自己的空间，但鲁迅的超前意识带来的启发还是很大的。

不能简单说鲁迅是反传统的，他内心有文艺复兴的梦想

记　者　从鲁迅的多面性中，我们可以感受到，鲁迅有极深的传统文化功底，但其文本上又以一个全新的面目进行呈现。这很容易让我们产生误解：鲁迅是反传统的。如何看待这一差异？

孙　郁　我们不能简单一句话说鲁迅是反传统的。对待传统文化，鲁迅的思路是辩证的时候居多。一方面，他批判旧文化中的糟粕；另一方面，他真正继承了中华传统文化的优秀遗产。鲁迅认为，中华传统文化中有弥足珍贵的遗产，但是这些遗产是被遮蔽的，而他则是“去蔽”、打捞、寻找那些消失的文明。他曾谈到，要“取今复古，别立新宗”，“外之既不后于世界之思潮，内之仍弗失固有之血脉”，就是要把现在进步的思想和古代好的思想结合起来。

虽然鲁迅批判儒学，但他批判的是被士大夫污染的儒学。对于孔子的一些思想，还是有所肯定的。他很认可孔子在巫文化盛行时不迷信的人文闪光点，并赞扬其“知其不可为而为之”的进取精神。同时，从祥林嫂、孔乙己等人物形象中，我们可以看出他对底层人士的慈悲与观照，这其实就是儒家所讲的仁爱、恻隐之心。鲁迅也很喜欢墨子，在他的小说《非攻》里，我们可以看出墨子克己、躬亲、改变社会的奋斗精神对鲁迅的影响。

他特别希望中国人能够把我们古代好的艺术恢复起来，内心有文艺复兴的梦想。在中华民国创建初期，鲁迅就在《拟播布美术意见书》里提出要成立博物馆、保护文物。同时，鲁迅的书法作品、封面设计都是有六朝气的。而他给北京大学设计的校徽，灵感则源自战国瓦当的纹饰。

可以说，对于传统文化，鲁迅是充满礼赞之情的，他继承并发扬了中华传统文化中有创造性的、朗然大气的东西。

记　者　从鲁迅对传统文化的态度中，我们可以得到哪些启示？

孙　郁　鲁迅对传统文化的批判与反思，提醒我们要以辩证的态度对待传统文化，取其精华，去其糟粕。继承传统文化有不同的路径。鲁迅是一个有丰富传统文化知识的人。这些都丰富了他对于历史的认识，让他感到传统文化有生命力的遗存都在民间社会。从这个角度出发，他激活了传统文化有意味的部分，其小说与杂文，摆脱了儒家的旧路，将被遮掩的文明展示出来。其文字古风习习，在“不失固有之血脉”的过程，创造了新式的文学作品。所以，对于今天的我们来说，要做好文化传承，就要将目光关注点落在基层，不仅要关注乡间文明和民间的创造性，还要厚植健康的文化土壤，这样才能实现文化的良性发展。

记　者　我们从鲁迅身上可以获得什么？

孙　郁　人与其他动物不同，人是有思想、有爱、有生命的个体。所以人需要诗意地活着。而鲁迅一直是真实地活着，有智慧地活着，同时又诗意地活着。他营造了自己的审美空间，这可以从他的书法作品、封面设计等方面看出。同时，他推崇法国印象派画家凡·高、塞尚，喜爱日本的浮世绘、比利时和英国的版画等。这些都深切地体现在他的文字中。同时，他是有哲学思维的人，他思想的深刻性不亚于西方同时代的哲学家。理解鲁迅、阅读鲁迅的文本，我们便进入湍急的精神激流。当我们遇到困苦和不幸的时候，鲁迅文字间流动的智慧与勇气，会成为我们行走的参照，那些鲜活的思想会陪伴我们走在克服困苦的路上。

（段玉清）

35

提 要

- 戏曲是传统文化的重要载体，继承的是中国传统戏曲艺术的深厚历史文脉，开拓的是新时代戏曲生生不息的活力与创造力

- 守正创新的前提是敬畏传统，不能盲目改革，借用古建修缮的说法，需要“修旧如旧”

- 以川剧为代表的传统文化，有源源不断的深厚宝藏，保持对传统艺术的敬畏，拓宽戏曲舞台的边界，是川剧持续走向全国和世界舞台的力量和源泉

- 艺术不能降低标准，希望能在严格的管理、院团的培养、舞台的历练中“出戏出人才”

沈铁梅

中国戏剧家协会副主席
重庆市文联主席
重庆市川剧院院长

人物简介

沈铁梅，中国戏剧家协会副主席、重庆市文联主席、重庆市川剧院院长。生于重庆梨园世家，师承川剧大师竞华，曾三次获得中国戏剧梅花奖，两次获文华大奖。代表作品有现代川剧《金子》《李亚仙》《凤仪亭》，经典传统剧目《孔雀胆》《玉京寒》《枭雄夫人》《聂小倩》《三祭江》《拷红》《思凡》《阖宫欢庆》等。

敬畏传统拥抱创新
将川剧带进世界艺术殿堂

绿瓦红墙，郁郁葱葱。初夏时节，背靠重庆照母山，重庆市川剧艺术中心古色古香，中式庭院一步一景，露天剧场人头攒动，锣鼓敲响，生旦净丑粉墨登场。

从重庆渝中到渝北，始建于1951年的重庆市川剧院，名家荟萃，艺术沉淀丰厚。从艺40余年，沈铁梅大多数时间都在这里，从排练室到戏台子，她带领团队创作了一系列经典剧目，塑造了众多脍炙人口的舞台形象，在川剧声腔和表演上创新突破，将川剧带进世界艺术殿堂，开创了用西洋交响乐伴奏川剧传统戏的先河。

既是传统川剧艺术的继承者，也是现代川剧艺术的开拓者，在沈铁梅看来，戏曲是传统文化的重要载体，继承的是中国传统戏曲艺术的深厚历史文脉，开拓的是新时代戏曲生生不息的活力与创造力。

◆ “人活腔中”的磨戏之道

对于沈铁梅来说，学习戏曲更像是一种必然。父亲沈福存是著名京剧表演艺术家，母亲许道美是川剧名旦，出身梨园世家，在浓厚的戏曲氛围中熏陶长大，沈铁梅两三岁便能跟着父亲哼唱《红灯记》。

作为沈铁梅的领路人，沈福存在京剧艺术领域卓有建树，他不甘于对前人表演的复制，通过对人物的独到理解，在戏缝里挖掘人物，精准调控唱腔、表演的节奏，创造性运用人物心理外化表现手段，通过对“观与演”的不断思考、探索发展，形成了独具风格和特点的沈氏“三出半”——《玉堂春》《凤还巢》《王宝钏》和《春秋配·拾柴》，总结出“沈氏观演心理学”，其创作的唱腔入选《京剧著名唱腔选》。跟着父亲学戏，容不得一丝怠慢。上小学时的沈铁梅，每天放学回家要先学戏，唱不好不准吃饭。父亲一个眼神、一个手势，她就知道是要唱大唱小，应当如何运腔。每次上台演出，看到台下父亲的脸色好，说明演得还可以，要是冷着脸，回家就会挨一通训。原本顺理成章学习京剧，命运却把她推上了川剧舞台。

沈铁梅中学毕业报考戏校时，正逢当时戏校不招收京剧专业，无奈之

父亲沈福存正在指导沈铁梅

下，她决定转考川剧。从没学过川剧的沈铁梅临时抱佛脚，跟着母亲突击学了一段川剧《双拜月》，顺利考入了四川省川剧学校。

一开始，她并不喜欢川剧。从小看父亲表演，京剧圆润的声腔、优雅的程式、华丽的戏服吸引着她。父亲告诉她，既然学了川剧，就要安下心来，不能再唱京剧了，容易唱串味儿。有时不小心哼几句京剧，父亲一个眼神向她瞟来，她就立马收了声。1987年，沈铁梅正式拜川剧名家竞华为师。作为既能编曲又能作曲的川剧名家，竞华尤善以唱腔塑人，沈铁梅仍然记得，在传授她川剧《三祭江》时，师父将“刘关张”分别比喻为工笔画、行书和狂草，让她得以精准领悟剧中的人物特性和情绪递进。在学习中，沈铁梅日渐感受到川剧的博大精深。川剧融南北方文化于一体，包容性强、雅俗共赏、人物刻画细腻，是中国戏曲里别具一格的存在。

这种剧种之间的碰撞和交融，在她心里埋下了川剧革新的种子。多年以后，沈铁梅被称为“川剧女皇”，她的声腔艺术兼收并蓄、创新发展，以“腔中有人，人活腔中”的声腔神韵，实现了川剧声腔的重大突破。

“我是站在巨人的肩上成长起来的。”对于这些评价，沈铁梅说，“父亲和老师都是忠实于传统而又不满足于传统的革新者，如果不是他们的言传身教以及对我无所保留的付出，就没有《金子》《李亚仙》《江姐》等一系列剧目的成功。”

在不改变川剧唱法的同时，沈铁梅融合了京剧、昆腔的唱法，甚至流行歌手的技巧。“天上玉盘明如镜，单照世间别离人。”采访中，沈铁梅唱起川剧《李亚仙》中的唱词，融入了梅兰芳“吊鹅蛋”式唱法，唱腔灵巧华丽，充满欲断不断的意蕴，使声腔层次丰富，也更符合人物情感。

在沈铁梅看来，这种创新并非有意标新立异，而是在磨戏中自然产生的。

“从小，父亲三句话不离戏，几乎随时都在琢磨戏。”沈铁梅说，父亲给自己取名“爱京川”，一生都扑在京剧和川剧上，这种对戏的痴迷和执着影响着她，“在戏缝里找戏”成为一种日常，总是会想某句唱腔、某个动作能不能找到更巧妙的表达方式。在这种一字一句地琢磨中，沈铁梅逐渐形成了自己的唱腔风格。

◆ 三度“摘梅”的戏曲实践

“论艺术成就我比不上我父亲，我只是赶上了好时代。”沈铁梅说。自1982年四川提出“振兴川剧”以来，川剧在抢救、继承、改革、发展的实践中，激起一池春水。伴随着川剧振兴的脚步，沈铁梅精品佳作频出，在川剧传承创新之路上不断探索。

1989年，凭借川剧《三祭江》《阖宫欢庆》《凤仪亭》，沈铁梅捧回第一朵“梅花”；2000年，改编自曹禺名剧《原野》的川剧现代戏《金子》，让沈铁梅二度获“梅”；2011年，继承川剧传统和兼顾现代审美的《李亚仙》，让沈铁梅“梅开三度”。

沈铁梅在《李亚仙》中饰李亚仙

沈铁梅的川剧作品，被看作是“跳出川剧看川剧”，在坚守传统的同时锐意创新，符合当代观众的审美取向。在沈铁梅看来，她是改革中的保守派，守正创新的前提是敬畏传统，不能盲目改革，借用古建修缮的说法，需要“修旧如旧”，不能脱离戏曲艺术的基本特征和美学规律，要在遵循传统的基础上，丰富戏曲的艺术内涵和表现形式。梅兰芳所说“移步而不换形”，正是这样的道理。

2011 年 6 月 10 日，沈铁梅获得第二十五届中国戏剧梅花奖

著名学者王国维提出：“戏曲者，谓以歌舞演故事也。”沈铁梅认为，戏曲歌舞演故事的本质不能淡化，尤其是《金子》这样的新编现代戏，脱离传统戏曲服装、程式等，把握不好就成了话剧或者歌剧。

如何找到中国戏曲现代戏的创作方式？沈铁梅将川剧《金子》的创排称为“实验”，是一次对现代戏戏曲化的探索。现代戏的舞台没有水袖，那就用手绢形成戏曲节奏；传统的川剧唱腔大都以高腔为主，她就创新运用低腔和下行腔的唱法，在浅吟低唱中展现金子内心的矛盾与哀愁。“虽然是现代戏，但没有丢失传统戏魂，传统就像溶于水里的盐，看不见，但水中自有它的韵味。”同样，《金子》加入了变脸、藏刀、踢袍等川剧绝活。绝活并非为了炫技，而是真正融入戏里，剧中仇恨是变脸的根源，酒醉是变脸的动因；藏刀也恰如其分融入人物心理，在两个人物的矛盾中自然产生。让技巧服务于剧情和人物，川剧绝活才有生命力。

著名戏剧理论家郭汉城曾说，《金子》证明了戏曲艺术是一种有生命的艺术，并没有凝固、僵化。同时证明了传统戏曲的程式不是一种累赘、不是包袱，而是民族戏曲宝贵的创作财富。

沈铁梅也是在这样的实践中，进一步理解了戏曲之美。在过去很长一段时间，她不想用水袖，觉得水袖多余，不少戏曲程式也被她看作是枷锁。在一次次的舞台摸索中，她逐渐理解了程式从何而来，也渐渐对技巧使用得心应手。

“我是逐步感觉到传统文化的博大精深的，戏曲艺术的程式源于前人对生活形态的高度提炼。”沈铁梅说，学戏是从临摹到创造的过程，只有真正理解，创新才能开始。

◆ 让原汁原味的川剧走出去

三度斩获中国戏剧梅花奖，沈铁梅始终在想，川剧获得了国内观众的喜爱，得到专家、同行的赞誉，当我们走上世界的舞台，还能得到认可吗？

2004年，与著名作曲家郭文景合作，沈铁梅带着川剧与西方交响乐融合的《凤仪亭》亮相荷兰，琵琶、笛子、二胡等传统民乐悠扬响起，与西方弦乐共同营造出神秘而深邃的氛围。沈铁梅身着刺绣中式晚礼服，以一曲长达8分钟的川剧清唱惊艳阿姆斯特丹。

《凤仪亭》的演出，让沈铁梅成为将川剧声腔带入西方音乐殿堂的第一人，开创了用西洋交响乐伴奏川剧传统戏的先河。此后，海外演出邀请不断，沈铁梅陆续将更多川剧带到德国、美国、英国、比利时等国家，所到之处人气爆满、好评如潮。

最初，参与中西融合的《凤仪亭》，沈铁梅称自己夹带“私心”，

"我想到世界音乐殿堂亮一嗓子，带着川剧去试试水。不管是跨界还是混搭，我想实现的是让川剧走出去的梦想，将原汁原味、完完整整的川剧带到国际舞台上。"在她看来，川剧是唱念做打的综合艺术，包含虚实相生、遗形写意的美学传统，只有完整全面地呈现，才能让观众真正走进中国传统文化。

2012年，沈铁梅携新歌剧《凤仪亭》，首次登上美国纽约林肯中心艺术节的舞台。2019年，她又在荷兰鹿特丹国际电影节闭幕式演出传统川剧《凤仪亭》。这场演出对于沈铁梅来说意义重大——时隔15年，从跨界融合到新歌剧，回到最开始的地方，带着传统川剧折子戏亮相舞台。"绕了一圈，我终于实现了这个梦。"

墙外开花，墙内也迎来了戏曲热。作为地方剧种，川剧展现出创新意识，加快走向全国舞台的步伐，也吸引了更多年轻观众。

2022年，川剧成为第十七届文华奖颁奖典礼的大赢家，川剧《草鞋县令》和川剧《江姐》，在全国15部获奖作品中占两席，同获文华大奖。这是四川自川剧《易胆大》后时隔15年、重庆自川剧《金子》后时隔22年再次得奖。

重庆川剧博物馆

《江姐》是沈铁梅第二次获得文华大奖，也是她戏曲传承创新的再次尝试。将《红岩》中江姐的故事搬上川剧舞台，通过传统题材的再创作，在保有川剧程式特点的基础上创新，打造符合当下文化价值和精神价值的戏曲舞台。

江姐绣红旗的场景是剧中一大亮点。传统演绎方式是将红旗拿在手中绣五角星，川剧《江姐》将整个舞台化作一面红旗，5个演员通过舞蹈编绣，让手中的黄色绸带变化为一颗五角星，立体呈现于舞台上。每每演出至此，台下都爆发出热烈的掌声。

“更加写意的表达，这是戏曲教给我们的逻辑和美学观。”沈铁梅说，以川剧为代表的传统文化，有源源不断的深厚宝藏，保持对传统艺术的敬畏，拓宽戏曲舞台的边界，是川剧持续走向全国和世界舞台的力量和源泉。

戏曲的门槛就是剧场的大门

传统文化走出去应有升级版

记　者　近年来，“跨界”“破圈”是戏曲界的热词。您很早就在做跨界融合的尝试，从您的经验出发，如何看待当下戏曲传播新现象？戏曲如何进一步吸引年轻观众？

沈铁梅 以这些方式传播推广戏曲不失为一条路子。如同我最初带着跨界融合的川剧走向海外，并非希望一个人走出去，也不想通过声腔征服世界，而是呈现中华传统文化艺术魅力和中国戏曲审美取向。我想，一切跨界的目的，就是要引领不了解这门艺术的人走进剧场，让他们发现，戏曲艺术还真有魅力。

现在大家都很重视传统文化，年轻人也更加愿意走进剧场，我们需要思考的是，拿什么作品给人家看。戏曲的门槛就是剧场的大门，一旦观众进了这道门，剩下的就要交给舞台了。如何呈现剧种魅力，用艺术吸引、感染观众，考验的是戏曲人的本领和能力，如果将观众引流到剧场，却没能将他们留下来，那是我们的失责。所以，我常常说，“只要你给我阳光，我一定灿烂”，做好准备、抓住机会，珍惜每次舞台上的机会。

“出人出戏出观众”，两条路都要走好，一条是传播推广的路，一条是戏曲人专业的路，需要同时走。

记　者 *在推动戏曲走出去方面，您有哪些经验和感受？作为地方剧种，还有哪些走向全国、走向世界的途径？*

沈铁梅 过去很长一段时间，对于川剧走出去有过误区，到外面总是表演“变脸”“吐火”。川剧有丰富完整的美学体系，为何总要“肢解”才走出去？我不愿意这样做，我过去也常呼吁，传统文化走出去应有升级版。

2016年，我带着川剧传统文戏《李亚仙》到匈牙利演出，我告诉匈牙利国家艺术剧院总监，我想演中国才子佳人的故事，对方欣然接受，并说他们不要字幕，只需要故事概况。

演出前我还在担心，这样的传统文戏，没有字幕他们能懂吗？结果，那场演出效果出乎意料，演出结束后全场起立，掌声经久不息，很多观众向我们表达他们的喜爱，你能从他们的眼睛里看到对中国文化的热情。而且，在交流中，我发现他们看懂了剧情，还能领会其中幽默调侃的地方。

后来那位总监告诉我，他们不用字幕，是因为字幕会让观众分心，没办法集中精神欣赏舞台表演。他的回答让我很震动，因为我们在国内演出，也会担心观众不懂四川方言。他还说，这场演出备受欢迎，中国艺术的魅力让他们感到振奋。

这个时候我才真正理解了，“越是民族的越是世界的”。中华传统文化本就魅力无穷，我们需要建立文化自信，放轻松去展示戏曲魅力，不要害怕别人不接受、不喜欢，川剧绝活固然非常惊艳，但戏曲文戏饱含中国美学精神，更具文化内涵。同时，城市艺术氛围和观演习惯也需要培育，当看戏成为习惯、融入生活，更有利于地方剧种走向全国、走向世界。

戏曲发展没有捷径可走

记　者　*推动中华优秀传统文化创造性转化和创新性发展，在川剧方面您认为可以做哪些探索？*

沈铁梅　在我看来，对于川剧的创造性转化和创新性发展，需要在遵循中国戏曲美学传统的同时，通过创造性转化用传统表演程式和声腔创新，探索传统川剧在当代的审美表达之路，赋予传统川剧在现代背景下新的生命和意义。

创新并非抛弃一切，该坚持的地方一定要坚持，比如戏曲“一桌二椅”的传统理念，以歌舞演故事的基础逻辑等。很多人觉得传统文化很落后，其实中国戏曲现代意识非常强，当今很多前卫艺术手法，戏曲里都有。我们很早就有了“无实物表演”，川剧在舞台上可以巧妙时空转换，步子一跨、锣鼓一敲，人物就到了千里之外，多么写意，多么时尚。

以发展的眼光来看，在保持传统的前提下，还有很多可以探索和思考的地方。举例来说，传统川剧是没有叫好的，常常高腔唱了八九分钟，得不到任何掌声。这是因为高腔尾声时会丢给帮腔接上，没有给观众留下叫好空间，但戏曲讲求剧场效果，观众也有互动表达的需求。我父亲意识到这个问题，通过一些细微的调整，在不改变高腔本身的同时，创造了叫好的机会，这对于川剧声腔是重要的突破。

再如，川剧是南北声腔剧种的汇聚演变，昆曲、高腔、胡琴、弹戏、灯调“五腔共和”，但其中乐器伴奏的方式并没有完全解决，所以我一直带着团队在研究，希望寻找最契合的乐器，优化弹戏、胡琴的伴奏方式，提升音乐性和剧场效果。

川剧300年的历史，靠一代代人传承至今，艺术的创新发展没有止境，我们还要不断去探索去提高。戏曲发展没有捷径可走，需要川剧人接续前进，通过一点一滴的努力，共同来编织这个美丽的花环。

记　者　人才匮乏一直是戏曲发展面临的问题，您作为川剧传承人，对戏曲人才培养有何建议？

沈铁梅　人才是戏曲传承发展的根本，老一辈的川剧人逐渐退出舞台，需要年轻川剧人挑起大梁。在我看来，如今的川剧教育体系还应进一步健全规范，形成更加科学有效的人才培养体系。戏曲“手眼身法步”，个个看功力。除了外形、声音等先天条件，学习戏曲更需要日复一日的勤奋和努力。“台上一分钟，台下十年功”，没有十年苦练，练不好戏曲基本功。所以现在来我们剧院的，我基本要求他们“回炉”，继续扎扎实实系统训练。

对于人才匮乏的问题，我常常感到非常紧迫，平时对大家要求也很严厉。我在一个非常严厉的环境里长大，从小我演戏，父亲和老师在下面看我，每次说我这里不好那里不好，我也很不高兴，但就是在这种严苛的要求下，我才逐渐有了今天的成绩。从我1979年进学校，到我获得“二度梅”，父亲一次都没表扬过我，到2010年左右，一次我唱《三祭江》，父亲说了句，“的确唱得好”，我当时热泪盈眶。得到父亲的认可，我等了接近40年。

很多人不愿意指出缺点，“你好我好大家好”，马马虎虎过来，出不了好的作品，甚至可能往错误的方向走。我常常比喻，你如果去医院里看病，是希望听真话还是好话？我愿意当说真话的人，所以大家都说我是“X光”，总是在看缺点。每次我去看日常排练，大家见到我会很紧张，我一进排练场，这里不对，那里也不对，就得重新排。

艺术不能降低标准，希望能在严格的管理、院团的培养、舞台的历练中“出戏出人才”。

川渝携手传承川剧文化

记　者　目前，川剧基层院团发展生存空间在缩小，您如何看待基层院团发展现状，有没有可以改善的途径？

沈铁梅　因为各种因素，基层院团存在精品佳作不多、演出市场萎缩、后继乏人等问题。基层院团有自己的功能，特别是承担着在基层传承、传播川剧的重任，基层院团的流失，对川剧来说是非常致命的打击。改善这一局面，需要进一步加强对地方戏曲剧目创作和传统戏挖掘整理工作的指导，加大地方戏曲传承发展工作的经费扶持力度，加强地方戏曲创作演出后继人才培养，重视引导和培育地方戏曲演出市场，广泛搭建地方戏曲交流展示平台。

记　者　作为全国政协委员，您一直关注戏曲艺术的保护和传承，在全国两会期间您也曾呼吁建设中国戏曲博物馆，是出于怎样的考虑？

沈铁梅　中国戏曲文化历史悠久，有丰富的戏曲文物、文献资料、影像资料，尤其是老艺术家的剧目和影像资料保护迫在眉睫。建设中国戏曲博物馆，可以全面展示中国戏曲传统文化，使之成为集参观普及、对外交流、非遗传承等于一体的戏曲“百科全书”，让更多人有机会深入了解戏曲历史，同时也能解决戏曲文物损坏、文献资料流失等一系列问题。

记　者　在成渝地区双城经济圈建设不断走深走实的背景下，川渝之间的文化交流更加频繁，您认为两地如何在川剧方面加强交流？

沈铁梅　巴蜀文化一脉相承，四川和重庆历来是一家人，两地的川剧风格略有不同，因此也更应当在交流碰撞中共同发展，携手传承川剧文化。在成渝地区双城经济圈建设不断走深走实的背景下，两地可以共同推进川剧文化传播推广，联动举办川剧演出、成渝地区川剧人才赛事等。合作打造川剧精品作品，推出具有巴蜀文化特色的创新剧目。两地川剧专家也可以加强交流，举办川剧沙龙、论坛，探讨川剧行业规范、传承发展的具体举措，共同促进川剧的发展。

（薛维睿）

文化传承发展百人谈

36

提 要

- 上万种文创产品，既根植于故宫深厚的历史底蕴，又创意无穷，成为现象级的文化消费产品

- 只要我们不断进行创造性转化、创新性发展，就能够让文物活起来，让历史活起来，让文化活起来

- 搞文化创意，是点性思维还是线性思维，是产品思维还是产业思维非常重要，这需要从业者眼界和格局到位，具体的操作到位

- 要让文物和艺术真正“活”起来，变成人们生活的一部分，必须插上现代科技的翅膀，它可以让文化有更广阔的发挥空间

- 无论是做展览还是做产品，怎样给人更多的体验和收获？怎样体现人民性？这值得思考

王亚民

故宫博物院
原常务副院长

人物简介

王亚民，第十三届全国政协委员，历任河北人民出版社副社长、河北教育出版社社长、故宫博物院紫禁城出版社社长以及故宫博物院常务副院长等职，获得“中国韬奋出版奖”、全国宣传文化系统“四个一批”人才、新闻出版行业领军人才等荣誉。曾策划编辑了《中国现代学术经典》《二十世纪文学名著》等获得国家与省部级奖项的精品图书。

在任故宫博物院常务副院长期间，主抓故宫经营和文创产品，其间打造了多个文创爆款；策划《清明上河图》数字产品以及“千里江山——历代青绿山水画特展”等多个展览，实现了让深藏在故宫里的文物活起来。

搞文创不仅要有产品思维，更要有产业思维

朝珠耳机、“朕亦甚想你”纸扇、刻有“如朕亲临”字样的行李牌……几年前，故宫文创产品脑洞大开，深挖故宫文物背后的故事，连续推出了一系列爆款文创产品，让故宫这座拥有600多年历史的宏伟建筑，见证了明、清两代王朝更迭沧桑巨变的古老文化遗产玩出了年轻态。

故宫文创火爆的背后，离不开故宫领导班子认真贯彻落实党中央“让文物活起来”的工作要求和时任故宫博物院院长单霁翔对文创工作的支持；而另一个重要推手，便是时任故宫博物院常务副院长、主抓故宫经营和文创的王亚民。正是在王亚民分管期间，故宫研发出的文创产品超过11000种，实现年销售额10多亿元。

2024年4月底，王亚民在北京接受了四川日报全媒体“文化传承发展百人谈”大型人文融媒报道记者专访。作为曾在出版界和博物馆界都成果丰硕的出版人和博物馆人，王亚民表示要做好这两件工作都要带着感情用心去做，而且必须勇于创新、引导潮流。

◆ 走进出版

他首次把外国人写的《毛泽东传》引进国内

说起自己的工作经历，王亚民一般给自己分为两个阶段。一个是出版人生，另一个就是博物馆人生。

1982年，王亚民从河北大学哲学系毕业，分配到了河北人民出版社。从普通编辑到编辑室副主任、主任再到副社长，在这里一干就是10年。

在河北人民出版社，王亚民策划出版了一本令很多人至今印象深刻的书——美国学者罗斯·特里尔的《毛泽东传》。这本《毛泽东传》自1980年出版后，被翻译成至少8种文字，是西方数百种毛泽东传记中最被推崇、最畅销的作品之一。1987年，王亚民在天津南开大学组稿时，偶然在一本杂志上看到了这本传记的序，立刻引起了他极大兴趣。

彼时，改革开放还不到10年，各种社会思潮风起云涌。在王亚民的策划下，河北人民出版社很快翻译出版了这本传记。这是《毛泽东传》首次被引进国内。该书一推出，便引起市场巨大关注。此后，这本书印刷20多次，发行将近400万册。不少国人正是通过这本传记，从另一个侧面认识了一位有血有肉有温度的伟大领袖。

如果说王亚民策划出版《毛泽东传》是出于对毛主席的敬仰和热爱，那么1992年他调任河北教育出版社后策划的一系列大部头著作，则体现了一位出版人传承弘扬中华优秀传统文化的自觉。

20世纪90年代，教育出版相对具有特殊性，尤其是出版教材非常赚钱。王亚民担任河北教育出版社社长后，做了8套全国统编教材全国发行，还和加拿大阿尔伯特大学教育学院一起编写中小学英语教材，这些书市场反响都十分热烈。出版社赚钱了干什么？王亚民觉得还应该为社会推出更多优质的出版物，满足公众精神需求。

那些年，他为出版社设计了几条产品线，一是学术出版，二是艺术出版，三是文学出版。其中学术著作中备受关注的有刘梦溪先生主编的“中国现代学术经典”系列，该套书把19世纪到20世纪近100年来中国的40位学术大家的著作进行了系统梳理，皇皇2000万字的学术经典，对总结百年学术思潮、繁荣当代学术，弘扬民族文化起到了推动作用，这套学术书籍在学术界也引起极大的反响。

王亚民喜欢看书，也经常从一个读者的角度去思考老百姓喜欢读什么书，那自然是读好书、读名著。当时，国内市面上也不乏国外文学名著，但均不成体系。王亚民大气魄地邀请了当时国内文学翻译界有名的翻译家，集中翻译了20余套国外文学大家的全集，涉及法国雨果、日本川端康成、印度泰戈尔、俄国普希金和列夫·托尔斯泰等。艺术类书籍的出版同样成体系——中国名画家全集、世界名画家全集、新文人画家作品集等，可谓包罗万象。在王亚民看来，这些系列的出版是出版社传播优秀传统文化应尽的职责，“如果这方面没做好，那作为一个出版人是失败的。”

◆ 赴任故宫

打造国内明清学术出版高地

2006年，王亚民调任到故宫博物院。那时，他已在出版行业深耕20多年，因为对艺术和文物也极有兴趣，便希望自己人生的下半程能换一个活法。岂料因为在出版界成果卓著，到北京后仍被要求兼任紫禁城出版社（现故宫出版社）社长一职。

当时紫禁城出版社的发展境况，和王亚民在河北时的风光完全不可同日而语——年销售额只有1000万元，最惨的一年只出了三本书。而当时，河北教育出版社每年的销售额已有8亿元。

经济效益的惨不忍睹，反而激起了王亚民不服输的性子。“故宫收藏的文物有近187万件，涉及25个大的门类，其中三级以上珍贵文物占到了全国珍贵文物的41.98%！可以说，中国文物最优质的部分，故宫占了半壁江山，要做出版的话，堪称取之不尽、用之不竭的宝库。”不仅如此，王亚民还看中了故宫宝贵的学术资源，研究书画、青铜器、瓷器、玉器的很多专家学者都是国内顶级。文物资源不可替代，又有专家进行研究阐释，王亚民认为，出版社搞好是天经地义，搞不好才不正常。

很快，故宫出版社根据院藏文物资源进行了出版线路的设计。王亚民给出了一个明确的发展目标——把故宫出版社发展成国内明清学术出版的高地。

不过，王亚民出书有一套自己的逻辑。他不喜欢零敲碎打，要做就做出规模、做出影响。刚开始，他提出做清代流民研究、明代婢女研究等图书，但因为题材小众，编辑担心亏本建议先出三五本试试，他强力推进积少成多，一个系列出了几十本以后，便引起了学术界关注。出版社推出的“明清史学术文库”，社会反响也更加热烈。不少学者认为文库的推出将提高明清史和故宫学研究的理论水平。

名气有了，经济效益也要抓。王亚民充分利用故宫院藏文物资源，集中推出了王羲之、王献之、赵孟頫、董其昌等书画家全集。这些书很多是大开本，设计精美大气、用纸讲究，一套书投资就需要三五百万元。故宫出版社资金不够怎么办？那就走出去和其他出版社以及相关机构充分合作。故宫出版社负责内容把关，对方负责出版成本。几年下来，故宫出版社的这些书画集成为了学术界和收藏爱好者的宝贝。除了历代书画名家的作品，故宫收藏的家具也让王亚民看到了商机。那些年，仿古家具在市场上十分火爆。但要把仿古家具做得地道，就得有靠谱的蓝本。彼时，故宫收藏的明清时期宫廷家具和文人家具便是最有可信度的参考。经过5年时间，王亚民组织专家从故宫收藏的6000多件家具中，挑选了约3000件进行无死角拍摄，并出版成册，预售时近4000册图书被一抢而空。

数十年出版界沉浮，王亚民总结出做出版的两种不同境界：一是引导潮流，另一个则是尾随潮流。“我的风格是尽可能引领话题、主导潮流，不跟在别人后面跑。”

◆ 进军文创

引爆现象级文创抢购潮

在故宫博物院工作期间，王亚民最受关注的莫过于在院领导的支持下，推动的故宫文创火爆全国。上万种文创产品，既根植于故宫深厚的历史底蕴，又创意无穷，成为现象级的文化消费产品。

做文创，开始时，王亚民备受打击。

那时他主管文创不久，恰好有同学出国前到故宫挑礼物。在故宫博物院的商店里，朋友转了半天硬是没看上一件东西，不由得给他吐槽："没想到故宫文创这么弱！"朋友的话让王亚民开始冷静梳理故宫旅游商品的现状。"没文创，都是地摊货！"当时的故宫，门脸都由商家零散租售，无统一装修，货品基本上是从旅游市场批发来的，体验感极差。被朋友批评很没面子，但王亚民敢管。从那以后不久，故宫博物院开始对店面进行整顿，清退经营不好的小商户，对门脸进行整体提升改善。最重要的是，还对所售商品提出要求：要在故宫卖，就必须得有故宫文化元素。为此所有商品都必须经过故宫博物院管理处统一审核。此外，他们还对商家进行培训和规范管理，让商家意识到游客买的不仅仅是产品，更是一种文化。大家逛完以后，壮美的紫禁城带不走，但故宫文物衍生出来的文创产品可以带回家。

2013年，习近平总书记在主持中共中央政治局第十二次集体学习时提出："让收藏在禁宫里的文物、陈列在广阔大地上的遗产、书写在古籍里的文字都活起来。"这句话给了时任故宫博物院院长单霁翔莫大的启发。他认为要让故宫文物"活"起来，文创产品是一个重要途径。而且故宫博物院拥有丰富的藏品，文创产品的开发一定可以走在全国前面，要做就做最好。

王亚民开始带领大家撸起袖子加油干。

然而故宫近187万件文物，哪些适合做文创？哪些文物可以创造性地和现代人的生活结合起来？他们先在院里举行了一个"故宫人最喜爱的文物"征集活动，共征集到100件故宫人喜欢的文物并出版画册。这本书还很快发给了与故宫博物院合作的设计师和商店经营者，为大家开发文创提供灵感，此外还提供了各种培训。

故宫口红、故宫日历、故宫娃娃、故宫胶带……一系列文创爆款扑面而来。人们对故宫文创的追捧有多夸张？仅故宫日历，最多的一年卖出约150万册。那些年，就连“故宫上新”这个词也能常登热搜。

经过几年发展，2016年，故宫文创的销售额超过10亿元；2017年，故宫文创产品突破了10000种。到现在，故宫文创已开发至15000余种。

在退休前的几年，王亚民还以故宫博物院总策展人身份，策划了“千里江山——历代青绿山水画特展”等展览，延续了“故宫跑”的热潮，让中国的青绿山水等艺术为更多公众熟悉。作为文创产品的升级版——数字化的《清明上河图》产品也由他推动而来，让不能到故宫参观的人们也能一睹国宝级文物的风采。

“中华文明拥有五千多年历史，留下了丰厚的文化遗产，给了我们创作的丰厚土壤。只要我们不断进行创造性转化、创新性发展，就能够让文物活起来，让历史活起来，让文化活起来。”王亚民表示。

插上现代科技的翅膀，让文化有更广阔的发挥空间

故宫文创满足了人民群众对美好生活的向往

记　者　全国博物馆都在搞文创，为何故宫博物院的文创产品频出爆款且持续“长红”？

王亚民 故宫文创能够受到全国关注，当然首先是因为故宫本身就是一个大IP，并且它收藏了近187万件文物，为我们打造文创产品提供了无尽的资源，让我们的任何一件文创产品都能有文物作为依托，并且能讲出有意思的故事。当然我们还拥有优秀的设计师团队，文创产品也注重购买者的实际体验。此外，哪怕是文创产品也要求传承工匠精神，对工艺精雕细琢，在摸爬滚打中的确积累了一定的经验。

记　者 有哪些经验值得借鉴？

王亚民 回首国内博物馆文创产品的开发历程，可以发现有三个阶段。2011年以前的自发阶段，博物馆基本上卖的都是地摊货，只有极个别会根据文物进行开发。2013年以后进入自觉阶段，博物馆纷纷开始把文创产品当成文物“活”起来的重要方式。故宫博物院当年的各种爆款文创，就是这个阶段的代表。我们要求故宫文创要做到有质感、有温度、有趣味、有故事，尤其要有故宫的文化味。当然对故宫文物元素的提取绝不是“复制粘贴”，而是要经过重新解读和诠释，再进行创意设计，以符合当代人审美。前几年的故宫色、福禄寿、紫禁月满等系列产品，都因此受到年轻消费者的喜爱。

但业内人士会发现，这个阶段的天花板就那么高，很快就很难再走下去。因为这个阶段存在着复制与被复制、克隆与被克隆、抄袭与被抄袭。你今天搞鼠标垫，明天我也搞一个；你再推杯子、手机壳，我也做，而且模仿出来说不定卖得比你还便宜、销量还更好。所以，像故宫这样的博物馆就开始进入第三个阶段，我称为智慧文创或主题文创阶段。

主题文创和以前相比，不再是散兵出击，而是从更高维度进行系统性思考和谋划。具体到故宫博物院，我们要求团队研发之前一定要先思考研究中国几千年来人们的生活，什么是老百姓最喜欢和需要的，也就是要让老百姓的刚需对我们的产品形成支撑，让他们愿意通过文创产品“把博物馆带回家”。

经过反复调研，我们发现老百姓最喜欢的其实仍是过去的人生四大喜——久旱逢甘雨、他乡遇故知、洞房花烛夜、金榜题名时。久旱逢甘雨是解决人的吃饭问题。中国现在已经脱贫，所以这一块就暂时没有考虑。他乡遇故知，最能反映这种情绪的就是传统节日，这是一个触发人们对中国传统节日的集体记忆，把文化根脉留住的问题。所以我们策划的第一个主题文创叫“故宫中国节”，就是展现中国人怎样过春节、元宵、端午、重阳等节日。洞房花烛夜，则针对人结婚这种喜事，所以故宫第二个主题文创叫“宫喜”，核心内容就是龙凤呈祥，以此拓展到结婚时的服装、首饰、婚宴及各种用品等。至于金榜题名时，就是围绕读书这个点展开类似的创意和规划。

现在“故宫中国节”做得很好。因为有了这个概念，只要过节你的团队就可以结合节日设计不同的产品或者文化体验场景，产品规划可以多达上千种；“宫喜”的项目也已在全国各地拓展。

所以搞文化创意，是点性思维还是线性思维，是产品思维还是产业思维非常重要，这需要从业者眼界和格局到位，具体的操作到位。

现代科技助力会让博物馆IP更响亮

记　者　故宫博物院当年展出《清明上河图》引发“故宫跑”，后来《清明上河图》又开发了高科技互动艺术展演。我们为什么要让这幅画动起来？

王亚民　在故宫博物院的上百万件文物中，宋代名画《清明上河图》显然非常具有IP价值。它虽然只是一幅绘画作品，却已是走向世界的中国文化符号，被海外当作未来城市的样板。故宫“石渠宝笈特展”中，《清明上河图》前门庭若市，高峰时段观众排队至少6小时，堪称世界展览史上的一大奇观。所以，如果要以它来做文创，想象和创作的空间非常巨大。

此外我们还必须看到，《清明上河图》就是一件长520多厘米、宽约25厘米的画。近千年来画作开始氧化，很多地方看不太清楚，可能老百姓看原作，并不能看出什么好来。不仅如此，全国有14亿人口，如果每人去故宫博物院一次，按故宫现在每年不到900万人次的接待量，要轮100多年。那么这样一件国宝级艺术品，能不能通过现代数字技术让不能到故宫博物院参观的人也能看到，并且还能沉浸式体验？这就是我们的创想初衷。

想法很容易，不过要把古代绘画由平面变成立体、由静态变成动态、由少数人能欣赏变成老百姓也能喜欢的文创产品，过程并不容易。但是故宫团队的确能够不断挑战自我。经过广泛调研，故宫博物院决定与凤凰卫视合作，共同开发现代技术下的“清明上河图3.0”高科技互动艺术展演。

2018年，“清明上河图3.0”在故宫博物院推出时，出票瞬间“秒没”。全息技术、人像捕捉、多媒体投影互动，构筑了一个真人与虚拟交织、亦真亦幻、人在画中的沉浸式体验。观众可以清晰看到《清明上河图》里的芸芸众生、街道、桥梁、船只等，感受《东京梦华录》中扑面而来的生活气息。利用全息影像实时抠像叠加技术，还能帮助观众“坐进船里”体验在汴河游玩的感觉，作品整体体验感、沉浸感比较强。后来“清明上河图3.0”到国家博物馆巡展，参观人数也达到423万人，网上点击浏览总量超4亿次。

记　者　这对现在的博物馆打造IP、让博物馆和文物“活”起来有哪些借鉴意义？

王亚民　这个展演几年前作为文化交流项目去了欧洲等地巡展，后来在国内的山西、广东、河南、浙江等都有落地，有的地方还做了宋“潮”游乐园，把《清明上河图》里的宋代生活通过场景呈现出来。所以现在它不仅是一个文创项目，还是一个旅游项目，能让大众在游玩时感受到中华文明的博大精深，文化自信更加坚定。

所以博物馆打造IP，要让文物和艺术真正“活”起来，变成人们生活的一部分，必须插上现代科技的翅膀，它可以让文化有更广阔的发挥空间。

博物馆展览和文创都要体现人民性

记　者　故宫博物院有《清明上河图》这样的国宝，文创具有先天优势，一般博物馆藏品不够重量级时这样的创意还有无价值？

王亚民　这恰恰需要我们有破圈思维，根植于所在的文化土壤以及馆藏文物的特点，去思考究竟怎样的产品能够与当今社会大众的需求结合。现在博物馆的确很火，很多地方博物馆没有太多好的文物，也能修建动辄一万多甚至几万平方米的大场馆。但是如果文物不是特别出彩怎么办？其实就可以适当借助现代技术讲好文物故事，让文物“活”起来。就像扬州中国大运河博物馆，本身也没什么文物，但是用沉浸式的展览把大运河的历史发展讲得很生动。所以作为博物馆的掌舵人，只要你带着感情用心去做，总会有一些不同的东西出来。

具体到四川，可以拿来打造的IP其实有很多，比如大熊猫、苏东坡、三星堆。只要你敢想，能够想出金点子，社会上不缺资金，并不需要博物馆本身或者政府来投资。那究竟要怎样才能做好？归根结底还是要站在老百姓的角度来考虑他们喜欢什么。

记　者　博物馆的展览如何让公众喜爱？如何体现人民性？

王亚民　在故宫那些年，我策划的比较大型的展览有20多个。和以前的展览相比，我做的展览有一定的不同。比如我做“赵孟頫书画特展”，除了把他的书画陈列出来，我们还设计了一个山中书房的景观，布置中刻意营造的种种“不经意”，让观众能嗅到生活的气息。有老太太前去参观时到处拍照，说回家以后也要按这个样子去设计自家的书房。做“故宫博物院藏四僧书画展”的时候，为了营造文人雅士的氛围，我们专门在展柜中增加了奇石、文玩、盆景等摆件，还在展览轴线上搭建场景，营造了僧房、文人月下抚琴等场景以表现他们的精神世界。做“千里江山——历代青绿山水画特展”时，则选择了王希孟的《千里江山图》打头，让观众进入展厅时，就像进入一个青绿山水的世界。故宫的展览在场景、色彩、灯光等细节上下了很多工夫，沉浸式的体验感特别强，并不是说将文物一摆、灯光一打、贴个标签就完事，我们需要把它独特的精神内涵提炼出来。

我一直认为搞一个展览，专家、行家看了喜欢不叫本事，自己喜欢也不叫本事，而是你回家告诉家人朋友，能引起他们的兴趣让他们来看，并且看得流连忘返，这才叫本事。无论是做展览还是做产品，怎样给人更多的体验和收获？怎样体现人民性？这值得思考。

（吴晓铃）

37

提要

- 书法艺术看起来是一件小事，但是它其实关乎我们民族的精神指向，我们的人文情怀，对我们社会的各个方面都有重要的教化作用

- 中国的汉字，如果从贾湖刻符算起，到现在将近8000年历史了，中国的文字是四大文明古国里唯一没有断裂的

- 汉字是一种表意的文字，它的字体形态相对稳定，附着在这个文字上的意义也相对稳定

- 中华民族认同感的一个很重要的来源就是汉字的认同，汉字和书法是我们中国最大的文化特征，民族精神的凝聚力就在文字和书法间

刘正成

著名书法家

《中国书法全集》主编

人物简介

刘正成，百卷本《中国书法全集》（已出80卷）主编、国际书法家协会主席、教育部书法专业委员会顾问；中国书法家协会原常务理事兼副秘书长、学术委员会副主任、《中国书法》杂志社原社长兼主编。主编《中国书法鉴赏大辞典》，撰著包括《刘正成书法集》三卷、《当代书法精品集——刘正成》、《书法艺术概论》、《晤对书艺——刘正成书法对话录》等。

不了解中国书法
就很难从根本上了解中国艺术

源远流长的中国书法，与博大精深的《红楼梦》之间，会发生怎样的关联？2002年，著名书法家刘正成采访当时84岁高龄的“红学泰斗”周汝昌时，二者发生了奇妙的关联。即便时间过去了20多年，刘正成对当时的场景仍记忆深刻。他和周汝昌聊到书学与红学的比较时，周汝昌对他说：“讲书学比讲红学难。”

从一位著作等身的红学大家口中听到这样的评价，刘正成自己也大惑不解。接着，周汝昌向他解释，《红楼梦》就一本书，但书法有几千年。小说有故事、有情节、有人物、有结构，研究者可以顺着结构去讲，但书法要如何从头讲起呢？

20多年后，刘正成尝试着给出自己的答案。近年来，他以“中国书法艺术审美”为题，从视觉层面、精神层面、文化层面向现代观众介绍中国书法的审美，并谈及对当代书法审美趋势的看法。“如果不了解中国书法，就很难从根本上了解中国艺术。”刘正成表示。

◆ 谈书法审美

与时俱进的书法美学

书法作为艺术，首先是一种视觉的艺术，书法家的美学追求、价值追求通过风格独特的书写而传递给观看者。从观看的顺序入手，刘正成表示，书法视觉层面的审美，首先是对字的结构的美学感受。书法有几种书体，篆书、隶书、楷书、行书，同时又有草篆、草隶、今草、行草、狂草，每一种书体有它的笔法、结构和章法规范。刘正成表示，“篆贵婉而通，隶欲精而密，草贵流而畅，章务检而便”，这就是唐人的审美与创作理念，它来源于人们面对不同书体时，产生的最直观的美的感受。例如，启功先生就有“结字为先”的观点。

“今天我们搞书法，哪怕你做硬笔书法，你把结构写好了，你这个字基本就站起来了。”刘正成认为，“中”字端正平稳，“帝”字均衡对称，“张”字疏密匀称，“额”字迎让避就，“山”字主次分明，“之”字形态变换，这是汉字字体结构之美的重要法则，“大家在看字的时候，特别是我们初学的时候，临帖一定要注意，虽然你笔画写对了，但它点画排列的位置非常重要，就是字的结构。”

刘正成出版的著作

结字之外，元代书法家赵孟頫特别强调用笔，在他的《兰亭十三跋》中说："书法以用笔为上，而结字亦须用工。盖结字因时相传，用笔千古不易。"刘正成对此有不同的看法。他说："用笔是书法创作中最重要的一个审美原则。书法很重要的就是笔法。但是不同于赵孟頫说的千古不易，我认为用笔其实也是在变化，时代不同、书写的字体不同、要写的字的大小不同，用笔都需要相应的变化，在几千年的书法发展史上，随着书体演变，作品篇幅大小的演变，特别是文人书法使用的纸张大小和品质变化、毛笔软硬等工具的改变，笔法因此也在改变。"王羲之为什么能成为书圣？刘正成认为，很重要的一点在于他确定了用笔的"永字八法"，"侧（点）、勒（横）、努（竖）、趯（钩）、策（提）、掠（撇）、啄（短撇）、磔（捺），所有字，无论楷书、行书都逃不出这八种笔法。'永字八法'就等于是音乐奠定了它的八度音阶一样，用这八种笔法生发出书法视觉形态的千变万化。"

书法视觉审美的最后一个方面是章法。"我们写文章有一个起承转合，在书法上，字和字在平台空间中怎么摆，同样有章法，要根据作品的大小、作品的幅式来决定。"比如早期的陶罐、青铜器、简牍、石鼓文，文字的摆放就很不一样，它在一个非平面空间中分布。此后人们主要把字写在手卷、扇面的平面空间上，又拿在手上把玩。一直到明代中晚期时，由于建筑空间高度突破了既往限制，开始出现适应挂在墙上欣赏的挂轴。"高堂大轴作品的流行改变了文人书法的章法，书法审美由'阅读审美'向'扫描审美'转变，这也体现了书法作品的美术化倾向。"

◆ 谈书法文化

中国书法不仅仅是把字写好的问题

自古以来，在中国书法的艺术鉴赏领域，人们鉴字也鉴人，因而有"字如其人，书同人品"的说法。对此，苏轼有着更为直接的论述："古人论书者，兼论其平生，苟非其人，虽工不贵也。”

“什么叫虽工不贵呢？为什么王羲之、颜真卿、苏东坡的字被我们论为‘神品’？一个你讨厌的人，你愿意在居室之中挂他的字吗？那是在给自己添堵。所以书法家的每件作品，其实都和他的人生阅历、他的道德操守密切联系。”刘正成表示，这样的例子古往今来比比皆是。在几千年的书法史上，书法碑帖浩如烟海，但王羲之《兰亭序》、颜真卿《祭侄文稿》以及苏轼《黄州寒食帖》却具“天下三大行书”的地位，受到后世的推崇。刘正成介绍《兰亭序》的地位是由梁武帝和唐太宗所确定的，尤其是唐太宗，酷爱《兰亭序》及王羲之的书法。不仅亲自撰写了《王羲之传论》，还为王羲之冠上了“书圣”的名号。而颜真卿的书法地位，则有北宋“顶流”苏东坡的一份功劳，苏东坡评价颜真卿的书法：“诗至于杜子美，文至于韩退之，书至于颜鲁公，画至于吴道子，而古今之变，天下之能事毕矣。”苏东坡的书法地位则是后世的超级“苏迷”翁方纲等结合前人的评价所确立，认为他是宋人尚意书风的代表性人物，在他的倡导之下，书法逐渐不拘泥于唐人的种种法则，而力求自然天成。

“当然，中国书法不仅仅是把字写好的问题。”刘正成进一步阐释道，比方在《兰亭序》中，我们还能读到王羲之在黑暗社会中高尚、超脱的人格，提醒我们去重新审视自己不随流俗的人生观、世界观。《祭侄文稿》里，有颜真卿的哥哥颜杲卿和从侄颜季明跟安禄山叛军作战，不惜牺牲生命而维护国家统一的可歌可泣的故事，可以看到一位书法家的社会责任担当。《黄州寒食帖》饱含着不畏穷困艰难而追求理想精神状态的美，它超越了字的具体的视觉好坏这个状态，进入了抽象的精神境界。

对于这三件作品，虽然后世有第一、第二、第三的说法，但在刘正成看来，这其实是一个“武无第二文无第一”的问题，三件作品分别代表了中国书法的三个高峰时代——晋代、唐代和宋代。“王羲之《兰亭序》突出创作个人主体，是文人书法的开拓者；颜真卿的《祭侄文稿》影响了后人的社会责任担当精神；而苏东坡则树立了‘兼论其人生平’的书法审美观念。这三件作品实际上代表的是不同时代书法的社会伦理观念的提升和进步。”

“所以我们的书法艺术看起来是一件小事，但是它其实关乎我们民族的精神指向，我们的人文情怀，对我们社会的各个方面都有重要的教化作用。”刘正成表示。

◆ 谈书法传承

《中国书法全集》架起了一座通往书法艺术殿堂的桥梁

书法是传统的，也是现代的。

刘正成认为，近古以来，中国书法经历了三个转折。除了明代中晚期流行的挂轴，由于金石学盛行，清代道光年间流行的碑派书风，以及甲骨、简牍出土所带来的破体书风，都深深影响了书法艺术的发展。尤其关于当代破体书“丑书”的讨论，更成为时下书法圈的热门话题。

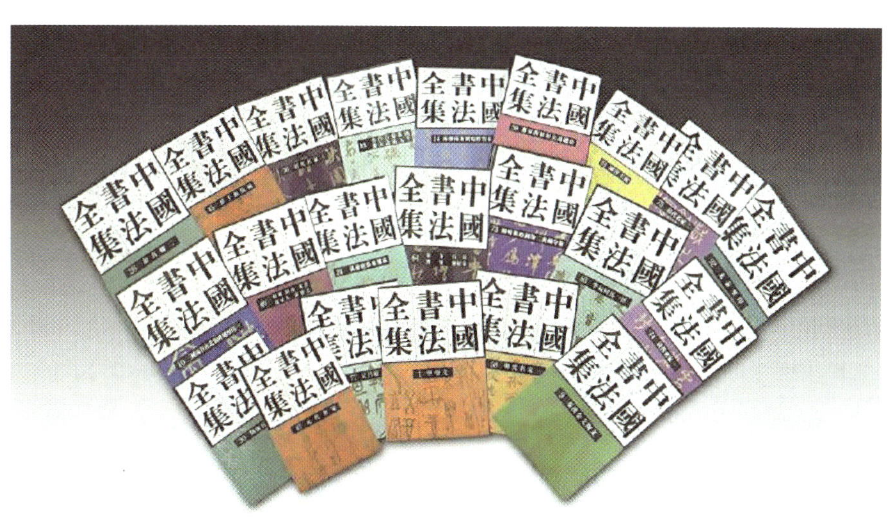

刘正成主编的《中国书法全集》

对此，刘正成也有自己的看法。在他看来，“丑书”不是一个可以一概而论的概念，当中也有雅俗之分。雅的“丑书”实际上是书法家有选择性地选择了那些标准书体定型前、书体变化过程中的形态来使用。“在王羲之、颜真卿、苏东坡的年代，很多反映书体变化形态的甲骨、简牍、青铜器都还埋在地下，所以他们写的都是作为标准书体的‘美书’。在这种传统影响下，人们倾向于认为书体变化过程中的形态不是好的书法，是‘丑书’。”这种“丑书”，徐渭、王铎、傅山、李叔同、谢无量等书法大家都写过，如今也已经受到广泛认可。

这样的“丑书”是否真的“丑”？刘正成并不急于下结论，“我们等100年以后看，我相信这100年中一定会有新的大家出现。当代人不修当代史，我们自己不评价自己，但是你可以用前瞻性的眼光来看待艺术的发展。你把凡·高和伦勃朗的画拿来比较，不能说只有伦勃朗的细致才叫美，凡·高的作品表现的绘画过程同样很美。”

从20世纪90年代初以来，刘正成投入大量精力到百卷本《中国书法全集》的编纂中。这也可以视为刘正成对于书法传承与创新思考的集中呈现。

根据设想，这套具有“集大成”意义的丛书所收入的书法作品上起商周，下迄当代，总计102卷，既有囊括宋和宋以前无书者署名之甲骨文、金文、简牍、帛书、碑刻、墓志、刻石、摩崖、造像、写经等的断代卷，也有以从古至今著名书法家为主体的书家卷。每卷内容有书法家评传、图版、书论、书家生平行踪示意图、图版考证与释文、参考书目等，收录了当代近百名专家学者千余万字的学术精华，遴选了世界各地珍藏的中国历代书法精品三万余幅，其中大部分图版属首次发表。

截至目前，《中国书法全集》丛书已出版80卷，为海内外书法研究者、爱好者架起了一座通往书法艺术殿堂的桥梁。季羡林先生曾称《中国书法全集》“非常适合对青少年的传统文化教育，因为它体现了中华五千年文明史的特点与成就”。李学勤先生也认为，《中国书法全集》的“开创性”之一是把中国书法的“史”与美学结合得比较好，“《全集》的编辑与出版达到了如此高的水准，为我们国家和民族争气，因而是‘争气书’！”

刘正成为《中国书法全集》的编纂匹配了相当专业且强大的专家队伍，刘涛、王镛、黄惇、丛文俊、朱关田、华人德等著名书法家，先后参与《王羲之王献之》《秦汉金文陶文》《董其昌》《商周金文》《颜真卿》《三国两晋南北朝墓志》《蔡襄》《苏轼》《米芾》诸卷的编纂工作。“你是唐代专家，我就把唐代交给你编，宋代的交给宋代专家来编。《中国书法全集》的编纂是我们当代整个书法学术界、历史学界，包括考古学术界共同努力的成果，是我们这一代人的文化成果。”

书法是中国文化核心的核心

汉字是中国人的文化图腾

记　者　作为一名书法家，您如何理解汉字与中华文明的关系？

刘正成　汉字知识即书法知识。根据现代考古学的发现，出土最早的有文字意味的刻画符号是河南舞阳贾湖遗址出土的贾湖刻符，在石器、龟甲、骨器、陶器等多种载体上，共计17个，有看着像“目”字的，有像“八”字的。这是目前所知最早的与汉字起源可能相关的材料，距现在约9000年到7500年。之后还有大地湾的刻画符号、仰韶的刻画符号、大汶口的刻画符号，以至殷代的刻画符号，也就是我们熟知的甲骨文。这里面可以看出历史的传承，也是我们作为四大文明古国之一最重要的证据。

四大文明古国里面，古埃及的象形文字、古巴比伦的楔形文字、古印度的印章文字都不使用了，中国的汉字，如果从贾湖刻符算起，到现在将近8000年历史了，中国的文字是四大文明古国里唯一没有断裂的，这也成就了我们数千年大一统国家的格局。

我们为什么有一个这么大的国家？汉字在当中发挥了很重要的凝聚作用。举个例子，历史上有“禹铸九鼎”的说法，九鼎上又刻有文字，来证明自己受命于天。那个时候有几百位诸侯，都认同这个字，认同说在华夏这片土地上，谁得到了九鼎谁就拥有王位。从往后的历史当中，我们也可以看到，鲜卑人建立的北魏，同样使用汉字，并且留下了独具一格的北朝碑刻，之后的元代蒙古族人、清代满族人也使用汉字。

这么漫长的历史，让生活在这片土地上的人们形成了一个观念：身为一个中国人，这个文字、这个符号或者书体，就是你的文化图腾。几千年来秦皇汉武、唐宗宋祖他们的功业都到哪里去了？江山社稷都会像一阵风吹去，文字和书法却能保留下来，而这个文字和书法包含人的生命信息，它是具象与抽象之间的桥梁，是中国哲学具有伦理学特征的原因。所以著名的法籍华人艺术家熊秉明说“书法是中国文化核心的核心”，就是这个意思。

书法艺术表现的是一个人的情怀

记　者　我们注意到，中国人把写字作为一种艺术，这其实是中国很独特的一种艺术形式，我们历史上很多有名的政治家、思想家，他们往往也是很伟大的书法家。您如何看待中国人把写字作为一种艺术，而且书法成为历代优秀文人一种共同的审美追求？

刘正成 首先是文字本身的特点。什么特点呢？我们知道，《康熙字典》里收录了47000多个汉字，《汉语大字典》收录了约5.6万个汉字。试问哪个设计师能设计出这样一套符号系统？我一直难以想象这种文字是怎么被创造出来的，我曾经将这称为“神的文字”。这样的形状符号，是这种文字最宝贵的特点，如果没有这么几万个字，哪里能成为什么书法艺术呢？当整个文字系统就只有二三十个符号的时候，你是难以在书写方面有太多艺术表达的。

我们的文字系统本身很优美，你看甲骨文、大篆、小篆，每一个字都有各种形态，都有独特的用笔方法，而且最后能分辨出它的时代。之前有朋友拿给我看印有敦煌写经残卷的板，我马上就能根据字体分辨出这个是唐代的，那个是北朝的、南朝的。

这也是汉字很神奇的一点，通过字的写法就能判断历史过程。每个人拿着毛笔写字的方法，既有时代性又有个体性，艺术风格能从艺术角度来塑造一个人的形象。中国古人通过书写留下了他们的文化记录，无论是帝王、大臣、民族英雄，还是落魄文人，都能参与到历史的记录中。中华民族认同感一个很重要的来源就是对汉字的认同，汉字和书法是我们中国最大的文化特征，民族精神的凝聚力就在文字和书法间。

其次，书法艺术还表现了一个人的情怀。伏羲“一画开天”的时候，这一画一定画得很美，而且每一个人画的这个“一”又不一样，那么艺术就出来了。文字在抽象的时候是一个符号，在具象的时候就不一样了，比如我早上、中午和晚上写的“一”都不一样，前天、昨天和今天写的“一”也不一样，苏东坡写的“一”、米芾写的“一”、黄庭坚写的“一”也不一样，这就是艺术的具体性。从这里面我们可以看到，字体或书体有两重意义：一个是确定中国语言文字历史的断代性，秦代的小篆、汉代的隶书，你一看字体就知道；第二个是风格辨识，它有艺术的发展过程，通过书写的风格能辨识书法家的意识，文字的审美中间包含有历史性的东西。

所以到了清代，乾隆皇帝把他的书房叫作“三希堂”。里面他最珍视的三件宝物是什么？不是金银财宝，而是三件古帖——王羲之的《快雪时晴帖》、王献之的《中秋帖》和王珣的《伯远帖》，然后他挂了一副对联——“怀抱观古今，深心托豪素”，意思是看到这个书法他就能看到中国的历史，而他内心是托付给毛笔书法的。这是一个帝王对汉字和书法的体认与感情。

文化是“走出去”最有力的脚步

记　者　2005年，您参与了国际书法家协会的成立，并担任主席。您能介绍一下这是一个什么组织吗？它又主要开展哪些方面的工作？

刘正成　2005年的时候，中国驻韩国大使馆建了中国文化中心。我们当时就想做点什么东西来吸引东亚国家的人。最后想到了书法，因为在东亚地区的日本、韩国，还有东南亚的越南，由于历史上受中华文化的影响，书法在这些国家也有着悠久的历史，当下也还有很多人学习，这是一种跨越国家、民族、语言的艺术。

我们在讨论这个新组织用什么名字的时候，我说是书法家协会，日本的代表说书道家协会，韩国的代表说书艺家协会，大家虽然叫法不一样，但都是搞书法的，最后决定按中国的来，叫国际书法家协会。协会的主要宗旨是弘扬书法艺术，促进和协调中、韩、日等国家与地区书法家、书法教育家及书法爱好者之间的交流，组织和协调国际双边与多边书法、篆刻、刻字、汉字艺术的展览、出版及教育交流，提高书法艺术的研究水平等。

我们的成员构成不止亚洲，欧洲美洲都有，当时一共有26个国家和地区的书法爱好者加入进来，而且很多都是所在国家和地区本土人。比如在韩国我们会连续举办双年展，每次在这个展上就会看到，几十个国家和地区的人，各种肤色、说各种语言，大家就是因为爱好书法被凝聚到了一起。

我们要“走出去”，文化一定是最有力的脚步。比如说起俄国，我们会想到托尔斯泰、屠格涅夫、契诃夫，说到法国会想到巴尔扎克、雨果。一定程度上讲，文化之间是没有阻碍的，我们有文化，树立我们的一种文化引导性，你的油画可以，我们书法也可以，这是一种最好的文化外交。

书法教育是中国传统文化教育的核心之一

记　者　在你看来，书法教育与传承中华优秀传统文化之间存在什么样的关系？我们当下应该怎样开展书法教育？

刘正成　从周秦以来，礼、乐、射、御、书、数构成的“六艺”一直被认为是儒学核心，其中的“书”就是指书法。书法作为六艺之一，从来都是中国传统文化教育的核心之一。

我认为把书法放到艺术类学科的范畴内去进行教学和研究是合适的。在我看来，应该首先建立2个基础学科和1个应用学科——基础学科应该有中国书法史，也应该有书法理论；同时，应该有作为书法批评的应用学科，就是运用基础学科的理论来评论当代书法艺术、分析书法艺术，把具体的书法作品好在什么地方、不好在什么地方说明白，本质上是对书法艺术良性发展进行引导。

书法教育还有一个重要方面，就是教材问题。目前自编教材基本还是以技法教育为主，但是书法理论还没有成熟的教材。要有自编教材和统编教材结合的规范教材，才能把当代书法教育有序地推动下去，才能知道今后要怎么去从事书法教育。

因为书法学科建立的时间相对较晚，教学大纲和教材还不够完备，亟须对各地书法教师进行培训。这种培训不仅是教他们怎么写字，更是要了解书法的美学本质，了解书法的意义、它承载了我们什么传统文化，为什么书法能够成为古代儒家“六艺”之一。中国书法传递的是整体的中国文化精神，但是我们今天的书法教育普遍缺乏这种内容。所以说当下的书法教育，要建立学科理论，建立起来之后才有研究的方向，才能在普及的基础上开展好书法教育。

（成　博）

38

提 要

- “传承”是建立文化自信的一个非常重要的因素
- 我们的传统文化经过了几千年的积淀，要在当今社会让大家都看到，这就离不开创造性转化、创新性发展
- 中国传统文化的地域性非常强，想要做到全球的普及是有难度的，这需要我们一代一代人去努力
- 要想走向世界，让世界更多地认识到你，得有来往才行。向世界敞开怀抱，拥抱世界，这是学习和展示的双向机会

李心草

著名指挥家
中国音乐学院院长

人物简介

李心草，中国音乐学院院长，教授，一级指挥，博士生导师。第十三、十四届全国政协委员，民革中央委员，中国音乐家协会副主席，北京音乐家协会主席。作为首位进入维也纳国家歌剧院执棒的华人指挥家，李心草曾任中央芭蕾舞团管弦乐团指挥、韩国釜山爱乐乐团音乐总监兼首席指挥、中国交响乐团首席指挥、中国交响乐团团长。2024年被中国交响乐团授予荣誉首席指挥称号。李心草致力于发掘和推广中国音乐，多年以来，不断复排打磨中国经典音乐作品，同时积极扶持新作品上演，组织创作和首演了许多当代优秀中国音乐作品。

我们要让全世界看到
同时要努力让全世界“做到”

2024年6月14日、15日晚，作为中国音乐学院庆祝建校60周年系列演出的首推大剧，由中国音乐学院出品的歌剧《原野》在北京中央歌剧院上演。《原野》由万方根据曹禺先生的同名话剧改编，中国音乐学院教授、著名作曲家金湘作曲，是中国歌剧史上里程碑式的经典作品，也是第一部走出国门，在国外成功上演的中国歌剧。

担任本次校庆演出艺术总监兼指挥的，正是著名指挥家、中国音乐学院院长李心草。“《原野》是一部广为人知的中国经典歌剧，近40年久演不衰。作为当代歌剧的一部里程碑式的作品，其既继承了中国民族音乐传统，又充分调动了声乐和器乐等各种艺术手段，借鉴了西方古典歌剧的创作经验，受到了全世界的认可。”

李心草对《原野》的总结，某种程度上也代表了他几十年的音乐生涯。过去，作为一名卓有建树的指挥家，他通过一次次演绎《原野》《红旗颂》《黄河大合唱》等经典作品，在尊重艺术规律、尊重原作的基础上，让它们得以守正创新，传承发展。如今，李心草又多了教育工作者的身份，他希望以对专业的极致追求、对素养的不断提升、对文化的不断感悟，帮助广大学子成为德艺双馨、全面发展的音乐人才。

◆ 在尊重艺术规律的基础上守正创新

李心草的艺术生涯，与《原野》颇有缘分，1987年该剧在北京天桥剧院首演时他就在现场。“当时我只是一名普通的中学生，对作曲技法、舞台呈现都十分陌生，但是它带给我心灵的震撼和感动永远无法忘记。”

后来，李心草受邀参与了中国音乐学院声乐歌剧系的表演课程，其中就包括《原野》这部戏。他不但参与了音乐作业及排练，还曾在剧中客串过角色。2007年，《原野》首演20周年的纪念演出，他又艺高人胆大地做了“背谱指挥”。

此次60周年校庆版《原野》，在服装、人物造型等方面延续了传统，但在舞台表现方式上融入了一些现代元素，对演员的音乐处理也提出了更高要求。“曹禺先生的台词不能动，金湘先生的音符不能变，但我们在传承的基础上要不断打磨、‘常演常新’，吸引不同时代的观众，这就是一种‘二度创作’。”李心草说。

在他看来，无论东方还是西方的经典作品，在传承发展的过程中，都不能完全照搬最初的演绎风格，要结合时代因素吸引今天的观众。“首先我们要尊重艺术规律，尊重原作。在这个基础上，才是我们经常提到的‘守正创新’。”

作为文化传承发展的一条准则，“守正创新”贯穿了李心草的艺术生涯。“《红旗颂》我们演了几十年，数不清的场次，广大同行和音乐爱好者一直感觉‘常演常新’，其实一个音符都没有变。”类似的作品还有《黄河大合唱》。李心草从1988年开始现场接触《黄河大合唱》，后来做过演奏员、合唱队队员，指挥了上百场演出。

不过他始终认为，自己对《黄河大合唱》的理解和阐释，比不上自己的恩师严良堃，严良堃一生指挥《黄河大合唱》过千场。“很多人听完我的《黄河大合唱》以后，会跟我说听到了很多没有听过的音乐处理，非常新颖但又恰到好处、富有逻辑。我永远回答一句话：你们听到的再新的音乐处理，尤其是《黄河大合唱》这部作品，一切都来自严良堃老师，有些部分我觉得是无法超越的。”

◆ 指挥要以表演者作为自己的“乐器”

李心草身上，有一个广为人知的“标签”：年少成名的天才指挥家。他祖籍云南保山，1971年出生于河北，先后就读于中央音乐学院和奥地利维也纳音乐与表演艺术大学，师从徐新、郑小瑛、L.哈格、李德伦、严良堃等名家。20岁时，就已与中央乐团（中国交响乐团前身）、上海交响乐团等国内知名乐团有了合作。

1993年，在全国首届指挥比赛上，李心草荣登榜首。在很多老音乐家眼中，他“不像是初出茅庐，从排练中已能看出他很有经验”。多年来，李心草的音乐足迹遍布全球，曾率领中国交响乐团赴海外巡演，在国外执棒中国歌剧《木兰》、普契尼的歌剧《图兰朵》等，还受邀担任韩国釜山爱乐乐团音乐总监兼首席指挥。

近年来，李心草多次在国家级国事活动以及外交活动中担任音乐总指挥，如2016年G20杭州峰会文艺演出《最忆是杭州》，2019年庆祝中华人民共和国成立70周年大型音乐舞蹈史诗《奋斗吧中华儿女》，2021年庆祝中国共产党成立100周年大型情景史诗《伟大征程》等。今年，他又赴法国执棒庆祝中法建交60周年暨中法文化旅游年开幕音乐会，赴朝鲜执棒“中朝友好年”开幕式活动，执棒中俄建交75周年专场音乐会等。

“可能在舞台上的时间只有三四十分钟，但艺术性的要求都非常高。”李心草说，面对特殊的观众，表演者需要足够自信，把自己的艺术水准表现得比平常任何时候都更完美，真正体现了“台上一分钟，台下十年功”。

在李心草看来，音乐的世界，需要100%的天赋加上100%的努力，才会成功。其中指挥又有其特殊性。“指挥最特殊或者最具有挑战性的，是没有自己的乐器，自己不能发声，要靠别人来表现他的音乐，同时‘一次都输不起’。”“我经常问学生，指挥的乐器是什么？有人说是指挥棍，我说不对，指挥的乐器是指挥棍下所有的表演者。”李心草援引一位意大利指挥家的观点说，指挥要把对音乐的理解通过大脑传达给手，手传达给指挥棍，指挥棍传达给表演者，表演者理解以后，再用自己手中的乐器发出声音，“这样音乐才能传递出去，整个过程极其复杂。”

◆ 讲台比指挥台更广阔更具挑战

近年来，在指挥家的角色之外，李心草的身份不断发生改变：2021年8月，任中国交响乐团团长；2022年11月，调任中国音乐学院院长。

有意思的是，中央音乐学院现任院长俞峰也是一名指挥家。国内两大顶尖音乐学府，都由指挥家担任“掌门人”，或许不仅是一种巧合。“指

李心草在指挥教学公开课上指导学生

挥这个职业本身就包含了一定的领导职能，他面对的并不仅仅是一个个音符、一件件乐器，还有一个个思维活跃的音乐家，要具备很强的组织能力。”李心草表示。

担任院长，给李心草的演出日程带来的变化显而易见。“这么多年来，我每年的演出场次平均在七八十场。现在因为工作内容变化，除去国事活动，每年演出场次已经降到个位数。”从观众的角度来看，这或许是一件憾事。但对李心草而言，这种转变却促使他从更为全面的视角，去考虑艺术人才培养，考虑文化传承发展。

“以前只是面对乐队排练音乐作品，把自己的音乐处理思想告诉大家，大家只要对你这个指挥是信服的，就会照着去做，很简单。”现在，李心草从背对观众的指挥台，走到了面向学生的讲台，他不仅得考虑艺术，还要告诉学生学习的方法，告诉他们怎么面对人生。“讲台这个舞台更大、更广阔、更具挑战，我自己先得改变艺术家的固执，考虑怎么教育

李心草参加2024中国音乐学院新春音乐会

下一辈。”

李心草对此深有体会。他大学毕业后进入中央芭蕾舞团，三年内参演《红色娘子军》超过百场，“尽管自己已经觉得很出色了，但是仍然受到前辈们的指正批评，因为创作这一类作品的时代我们没有经历过，做不到‘守正’。”如何在新时代的语境下，通过年轻艺术家传承经典艺术作品尤其是《红色娘子军》这一类作品，成为李心草近年来思考的重点。2023年上半年，他指挥复排了交响音乐《沙家浜》。“年轻的艺术家们如果真正理解了那种表演方式，能把其中反映的那种精神、那个时代表现出来，一定会让它显得可敬，让观众感动。”

守正创新，传承弘扬经典音乐艺术作品

“传承”是建立文化自信的重要因素

记　者　最近，中国音乐学院启动复排经典歌剧《原野》，献礼60周年校庆；而在中国交响乐团，从严良堃先生到您，曾经无数次执棒《黄河大合唱》。音乐艺术中的这种“传承”，其必要性、重要性体现在何处？

李心草　首先，一个民族、一个国家的文化自信，不是一朝一夕就能树立起来，也不是一两代人就能树立起来的，需要一代代人不间断甚至上千年的传承。世界文明走到今天，真正能够不间断地传承下来的确实很少，我们中华民族是其中之一。这证明传承是建立文化自信的一个非常重要的因素。

刚才你提到了两个细节，一个是我们正在进行经典歌剧《原野》的复排，还提到了《黄河大合唱》，提到了严良堃老师。我觉得这两个作品，包括很多其他的作品，比方说家喻户晓的《梁祝》《红旗颂》，都需要我们不断去传承。但在这个基础上，我们的传承者、表演者要做到"常演常新"，这是传承的一个很重要的手段。

《黄河大合唱》首演已经有85年了，怎么才能更好地、更广泛地传播下去，我觉得跟"常演常新"有很大的关系。其实这种经典作品的传承，是给每一代传承者逐渐增加压力，因为如果你的传承、复排或者再一次演绎，在某些方面没有超越的话，就起不到很好的传承作用，不能让大家关注。如果质量不尽如人意，可能还会遭到一些质疑，大大影响一部作品的传承。所以每次复排、复演的时候，我都觉得压力在不断增加。

记　者　您反复提到，搞音乐需要100%的天赋加上100%的努力，还表示"对于指挥来说，真正的黄金时期是70岁以后"。从这个角度来讲，一个音乐家怎样才能不断延续艺术生命？

李心草　除了学习还是学习，而且要主动学习。我一直都觉得，这辈子最幸福的事就是当学生。我们经常说"活到老学到老"，时间长了可能感触就不那么深了，就只剩下一种肌肉记忆，但我一直在很努力地去做这件事情。我现在还是壮年，但是明显感觉身体的机能、大脑的机能，比现在的年轻人差远了，比当年的自己也差远了。我告诉自己，可能还要比以前更加勤奋才行。人生本来就有限，机能不断退化也是自然规律，所以我希望在大脑还能高速运转的情况下，能够少留遗憾。

记　者　您对正在从事或有志于从事音乐艺术、推动其传承发展的年轻人，有什么建议？

李心草　我以前可能过于自信了，认为现在的年轻人如果采纳我的建议，按照我的方式去学习，应该会进步很大。现在我觉得这值得商榷。虽然我们生活在同一个时代，但经历都不一样，我们经历的他们没有经历过，他们经历的我们又无法理解。我不能完全按照自己的思路去要求现在的年轻人，或者给他们提建议。比如我女儿，我以前总拿我的标准去要求她，总拿我的经验跟她分享，结果有一天她突然说：我们的经历并不一样。我站在教育这个角度，看到的就不只是自己的孩子，而是整个社会一代新人。以前一听到什么“Z世代”就有点反感，现在我觉得必须去接受他们，甚至要去拥抱他们，才有可能改变我的教育方式。

当然，一些经典作品的传承，还是让人担忧的，比方说特殊时期创作出来的反映革命精神的作品，今天的表演者在舞台上的呈现其实挺让人遗憾的。我觉得主要原因是现在在舞台上表演的这些孩子，没有真正理解当年创作者的初衷和表现的内容，还有在那个历史阶段人们的生活、理想、信念是什么样的。所以我觉得，要把文化传承做好，我们随时都要学习，很多经典作品随着时间流逝，现在的表演者、传承者离那个时代越远，也就越难理解。但是越难理解，我们越要想办法去理解，在学校学，跟老艺术家学，去阅读，去翻资料，现在科技这么发达，比我们当年的学习要方便很多。

既要遵循艺术规律，又要顺应时代要求

记　者　近年来，中华优秀传统文化的创造性转化和创新性发展成为舆论关注的热点话题。您认为它的重要性体现在什么地方？在音乐艺术领域，具体可以怎么做？

李心草　我们的传统文化经过了几千年的积淀，要在当今社会让大家都看

到，这就离不开创造性转化、创新性发展。我们要把传统文化保护好，让世界更广泛地去认识，就得顺应时代，让它在每一个时代都发光，才会建立起文化自信。我们一直在努力做一件事情，就是通过各种方式、各种手段，尽量地让全世界看到我们的文化。音乐艺术发展史上已经有一些很好的例子，我们的一些作品，把老祖宗留下来的财富和时代融合起来，演的人喜欢演、听的人喜欢听、看的人喜欢看，已经是创造性转化、创新性发展。但是我们现在忽视了一件事情，我们要让全世界看到，同时要努力让全世界“做到”，这点特别重要。举个简单的例子，我们带一件艺术品出去，或者带一场非常精彩的演出出去，赢得了掌声以后就结束了。随着时间流逝，观众可能慢慢就会忘掉，传播作用没有发挥到极致。我们要做到把这个东西“留下来”，让你也想去做。

我们必须向文化发达国家的前辈们学习，比方说贝多芬、莫扎特，他们让全世界都看到、听到，同时让全世界都“做到”。如果只是意大利人唱《图兰朵》，德国人演奏《命运交响曲》，俄罗斯人跳《天鹅湖》，英国人演莎剧，这些作品怎么能够传下来？全世界都在演莎剧，但并不是全世界都在演汤显祖的作品，我们能不能把汤显祖带到国外，想办法让美国人、德国人、非洲人都为他付出，让他的剧目在全世界开花？

当然，说起来很简单，做起来非常难。实事求是地说，中国传统文化的地域性非常强，想要做到全球的普及是有难度的。这需要我们一代一代人去努力，去前赴后继地付出，让我们的传统文化、让博物馆里的文物“活”起来。

记　者　您参与过不少传统文化题材的歌剧、舞剧作品，比如《木兰》《李白》《孔子》等。用西方艺术的表现形式传达中国传统文化的内容，怎样才能相得益彰？

李心草　在很大程度上，世界普遍认可的艺术表现形式大部分来自西方，传播起来相对容易一些。我们的很多表现手法、表现形式，个性强、区域性强，而且因为某些历史发展的原因，还处于比较民间的状态，在传播上不是那么容易。怎么样把我们自己的文化，和世界普遍认可的表现形式融合起来？这是我们现在需要去做的。只有完美地融合起来，才有可能让别人去“做到”，否则永远是我们自己在做。我觉得这是紧扣“两个结合”的一种方式，不是拍拍脑门一两天能做到的，需要踏踏实实地、一步一个脚印地去试验、去实践，从一个一个细节上去抠。用音乐术语来讲，一小节一小节、一个音符一个音符地去试验、去反复，可能都不为过。

但是时间不等人，当今社会的发展不同于以往，我们既要遵循艺术规律，同时又要顺应时代要求，加快速度，不能墨守成规。随着时代变化，挑战越来越大。现在我们经常说作品越来越多、留下来的越来越少，这也需要我们去反思。

记　者　近年来，国内出现了“王者荣耀”交响音乐会等内容形式新颖的演出，其中也运用到中国传统文化中的一些IP形象。您对此如何评价？

李心草　“王者荣耀”交响音乐会这种创新，我觉得只是文化传承发展的一方面，它在任何时代都是一种“快餐文化”，不能代表整个历史长河。这些东西我们可以去做，年轻人也挺爱听，但你让同一个观众连听十场，他也听不下去。

我们向年轻人传播这些艺术形式，不能单纯地用比较表面的手段，它们只是代表这一层面的艺术、这一层面的文化。“什么样的人做什么样的事”，比如国家级的交响乐团，应该更集中精力去做某一方面的深度创作，其他一些团体更适合做面向年轻人的普及性工作，而不是这个没做多少，又想去做那个，结果什么都没做好。

敞开怀抱拥抱世界，是学习和展示的双向机会

记　者　您有着长期在国外留学、演出和从事文化交流工作的经验，在您看来，近年来讨论十分热烈的文明交流互鉴中，音乐可以扮演什么角色？

李心草　音乐在文明交流互鉴当中，发挥了极其重要的作用。当你为一段音乐感动的时候，你自己可能说不清楚原因。记得有一次和吕思清老师在国外演出《梁祝》，有当地的观众跟我们交流，说是头一次听，被这个音乐感动得流泪，然后我们才简单地介绍了一下梁祝的故事。这就体现出对音乐本身的一种直接感受，而不是对故事。包括我去国外指挥当地的音乐作品，观众也会觉得一个东方人解释他们的音乐，带来了一种新奇的感觉。

音乐无国界，能够架起友谊之桥，甚至它在某些时候可以是一种“外交手段”。音乐的特殊性体现在听觉，直击心灵，有时候不用说话，一首乐曲就能化解矛盾、加深友谊，这是一种无形的力量。

记　者　如今，越来越多世界一流的音乐家、音乐团体来华演出，反过来，我们应该如何推动更多优秀的中国音乐家、音乐作品“走出去”？

李心草　我们要有主动的意识，中国的乐团、中国的艺术家去海外巡演，其实当地观众最希望听到我们自己的东西，希望听到中国的好东西。我们热爱贝多芬，我们学习勃拉姆斯、柴可夫斯基，但更多是要把自己的文化推广出去，把自己国家的优秀作品展示给世界。这方面，我们一个是要去挖掘，还有一个就是要解决当代创作者面临的挑战：不能永远带那几首作品，要有新作品诞生才行。

同时，要多来往，多走动。要想走向世界，让世界更多地认识到你，得有来往才行。向世界敞开怀抱，拥抱世界，这是学习和展示的双向机

会。现在我们已经跟国际上一定数量的音乐学院签订了联合培养协议，选拔优秀的学生送出去，同时把中国的民族音乐传播到西方，让他们的学生看到、“做到”；我们也可以接纳更多的西方青年学子，通过这样一个平台，让中国文化传播得更广、更快一些。

（余如波）

39

提 要

- 文化自信不是空泛的，要落实到具体的文化建设、艺术创作和学术创新上

- 影视艺术作为一种文化形式，应该具有民族特色和文化内涵

- 影视语言可以是世界的，但影视语法必须是中国的

- 中国影视能否在世界上有一席之地，关键在于中国影视是否生成了具有民族特征的艺术风格

- 不忘本来，吸收外来，面向未来，只有这样，才能真正提升中国影视的世界影响力，从而树立和彰显我们的文化自信

黄会林

北京师范大学资深教授
中国文化国际传播研究院院长

人物简介

黄会林，1934年生，1950年入伍，在抗美援朝战场荣立军功。1955年保送至北京师范大学中文系，1958年提前毕业留校任教。北京师范大学艺术与传媒学院首任院长，中国高校第一位电影学博士生导师。现为北京师范大学资深教授、中国文化国际传播研究院院长。

66年坚守杏坛，倡导“知行合一”的教育观，主持创办了“北京大学生电影节”，倡导“中国影视民族化”理念，在文化学术界开启了中国影视学派研究热潮。提出“第三极文化”理念，致力于中国文化的国际传播。出版《黄会林绍武文集》（十卷）、《中国现代话剧文学史略》、《夏衍传》（与绍武合著）、《黄会林影视戏剧艺术论集》、《“第三极文化”与中国影视民族化》、《岁月匆匆——三十五载翰墨留痕》、《目送归鸿——黄会林自选集》、《学术知行——从影视民族化到“第三极文化”》、《第三极文化》等著作、文章约620万字。

2023年荣获“全国三八红旗手标兵”称号，2024年入选“最美巾帼奋斗者”。

坚定文化自信
在多元文化世界里寻找中国文化的坐标

北京师范大学中国文化国际传播研究院里，一张小书桌就是如今黄会林的办公桌。今年已经90周岁的她，作为博士生导师依然坚守讲台，指导博士生、开设《中国文化与传统美学》课程；作为中国文化国际传播研究院院长，她持续推进“看中国·外国青年影像计划”、主持中国电影国际影响力全球调研活动，积极推动中国文化走出去。

从战场到学校，从军人到教师，从中文到影视，再到如今致力于中国文化国际传播，正如黄会林所说——生命不息，追求不止。

◆ 16岁入伍，之后奔赴抗美援朝战场

“这是我生命价值和意义的起点”

回顾90年的人生经历，黄会林总是会从自己的16岁开始讲起，在她看来，“这是我生命价值和意义的起点”。

1950年，朝鲜战争爆发，正在北京师范大学附属中学读初三的16岁少女黄会林满怀热血，响应“抗美援朝、保家卫国”号召，毅然报名参军。“我们班40个人都写了申请书。最终，包括我在内的4人被批准入伍，令同学们羡慕不已。”1951年，黄会林被编入某高炮团，跟随部队奔赴朝鲜战场。

那时，黄会林在高炮团的职务是宣传员，但除了完成宣传工作外，她还肩负着一项重要任务——往阵地运送炮弹。

炮火里冲锋，黄会林目睹了许多战友的牺牲。战友牺牲后，就被放进白布口袋里就地掩埋。

当时的情景，历历在目，黄会林说她深刻体会到了祖国必须强大，落后就要挨打。也正因此，她树立了一个坚定的信念：祖国需要自己做什么就做什么，不讲条件。“是战友们的牺牲保护了我们，我们活下来的人，肩膀上一边扛着自己的责任，另一边扛着的是烈士们的遗志。”这样的价值观和使命感，贯穿了她的一生。战争胜利后，黄会林被评为“中国人民志愿军人民功臣”。带着功勋回国，1954年黄会林选择继续读书，进入北京师范大学附属工农速成中学学习，次年被保送至北京师范大学中文系。1958年，24岁的黄会林提前毕业留校从教，从一名军人到一名教师，开始了她新的职业人生。

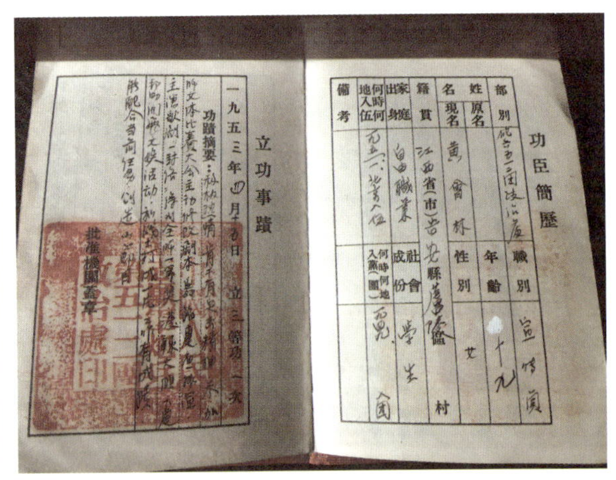

黄会林参加抗美援朝战争时的留念。黄会林被评为“中国人民志愿军人民功臣”

◆ 从战场到讲台

"哪里需要我就去哪里，干什么就要好好干"

从1958年成为北京师范大学中文系的一名教师，至今已66年。

但她最初的理想，是从事学前教育。选择的转变，源于在北京师范大学附属工农速成中学学习期间，黄会林结识了绍武，其后两人携手步入了相濡以沫、生活事业互相支撑的婚姻生活。绍武是革命烈士遗孤，毕生夙愿是要为红色英雄树碑立传。正是在绍武的影响下，黄会林和绍武一同选择就读中文系，后来两人又同时留校任教。

不过，黄会林原本的兴趣在古典文学，留校时学校领导征求意见，是否可以去比较缺人的中国现代文学教研室。"哪里需要我就去哪里，干什么就要好好干"，秉承这样朴素但坚定的信念，没有任何犹豫，黄会林把全部精力都投入了现代文学教学中。

从鲁迅、钱玄同、李大钊等在北师大任教倡导革命和创新开始，"改革"就成为北师大的重要学术传统。改革开放后，黄会林所在的中国现代文学教研室，开始大力推进教学内容改革，以文学类型来划分，黄会林的重心转向了戏剧。她的课程颇受欢迎，用学生们的话来说，黄老师的课堂，"掉了一根针在地上都能听见"。还有一个特别的现象——当黄会林讲到哪一位戏剧家，北师大图书馆里那位戏剧家的作品很快会被学生们借光。她还创新地提出，期末考试，学生可以选择做考试答卷，也可以选择交一个剧本，那一年70多个学生有60多人选择了交剧本作为自己的期末答卷。

但绍武却给黄会林提出了一个问题：戏剧最终要立在舞台上才是完整的，只是课堂里的教学，始终缺了点什么。

这个建议黄会林听进去了，她决定在绍武帮助下带着学生们一起写戏、排戏，把课堂延续到了学校的小广场。

1985年临近期末的那段时间，由学生们自编自导、自排自演的4场小戏在北师大敬文讲堂首演。闻讯而来的师生们挤满了讲堂的台阶，几位戏剧名家也成了现场观众。

首演成功后，1986年1月，北国剧社应运而生，著名戏剧家曹禺专门为其题词——“大道本无我，青春长与君”。在黄会林和绍武的坚持下，北国剧社不仅办了下去，还持续发展和壮大，“北国剧社现象”一时在北京文化艺术界备受瞩目。在北国剧社的带动下，全国校园戏剧团体纷纷建立，开启了新时期综合性大学学生排演戏剧的浪潮，影响延续至今。但在黄会林看来，北国剧社的成立，并不仅仅是丰富学生的校园生活。“我一直说，北国剧社是教学改革的产物，它不是单纯的学生文化活动，而是推进教学实践的一次尝试。”黄会林说。

◆ 学术方向转向对文化的宏观思考

“中国影视一定要走自己的路”

1992年，已经58岁临近退休的黄会林迎来了她职业生涯的又一次转折。

当时，北京师范大学决定重整艺术系并创办全国第一个综合性大学的影视学科，时任校长找到黄会林。“我一般从不拒绝组织，但当时确实第一反应是拒绝了。我跟领导说，如果年轻十岁，我肯定义无反顾。”黄会林说。

在校领导的坚持下，黄会林最终还是接受了任务。从现代文学到影视艺术，从单纯的教学到管理岗位，黄会林再次投入全部心血到新学科的创建中。几名教职人员从零起步，一个废弃的化学药品小仓库就是他们的第一间办公室。1993年，北师大获批设立全国综合性大学第一个“影视艺术与技术”硕士学位授权点，1995年获批全国高校第一个影视学博士学位授权点。

在黄会林看来，创办一个学科，需要三根支柱：教学、科研和实践，三者相辅相成。躬身力行推进“知行合一”教学理念，1993年，黄会林牵头创办了我国第一个以大学生为参与主体的国家级电影节——北京大学生电影节。

这又是一次首创。学校没有专项经费，中途差点一度停办，但黄会林坚持“有钱就大办，没钱就小办，总之必须办”，在这样的“强行起飞”下，北京大学生电影节年复一年坚持下来、步步壮大，如今已延续31届，成为国内电影节中的一个重要品牌。

作为我国高校首位电影学博士生导师，黄会林提出了“中国影视民族化”理念。在她看来，中国的影视研究体系必须建立基于中国文化和中国实际的本土电影研究体系。她带领团队持续开展“中国影视美学研究”，主编《中国影视美学》系列丛书，持续推动了中国影视学派研究热潮。

“中国影视一定要走自己的路，这条路一定是与我们中国传统文化相结合的、有中国气韵的。”黄会林说。2012年9月，第21届“中国金鸡百花电影节”电影论坛将首次设立的“理论评论特殊贡献奖”授予黄会林。

黄会林出版的著作

基于影视民族化研究成果，2009年黄会林和绍武共同提出了“第三极文化”的学术理念，引发学界和文艺界广泛关注。

2010年，北京师范大学的中国文化国际传播研究院成立，76岁的黄会林出任院长，她也再度转型，将重心转向中国文化的国际传播。如今，90岁的黄会林依然坚守在教学和实践一线，对每项工作推进情况都熟稔于心。

如今传统文化热回归，中国文化国际交流合作快速发展，在黄会林看来，还不够，未来可以做的还有很多。而她也将永远坚守，只要一息尚存，就会继续为中国文化国际传播而奋斗。

坚守民族文化本性，创造不可替代的“第三极文化”

以影视民族化树立和彰显文化自信

记　者　习近平总书记在文化传承发展座谈会上的讲话中指出，有文化自信的民族，才能立得住、站得稳、行得远。您如何理解文化自信？影视在构建文化自信进程中的作用如何？

黄会林　文化自信是一个民族、一个国家对自身文化价值的充分肯定和积极践行，并对其文化的生命力持有的坚定信心。中国人提文化自信是格外有底气的，因为我们不仅有着五千年悠久灿烂的传统文化，还有波澜壮阔的革命文化，同时汲取了世界经典文化，例如马克思主义。这三个层面的文化是我们的文化基因，也是文化自信的基础。文化自信不是空泛的，要落实到具体的文化建设、艺术创作和学术创新上。影视在建构文化自信的进程中扮演着重要角色。一方面，电影电视是当今世界文化传媒中传播最广最快的大众艺术和传媒形式之一，对人们的精神思想、生活方式影响甚广，这是影视的大众传播性质所赋予的文化责任；另一方面，中国影视尤其是电影，经过百余年的发展积累，无论银幕数量、电影票房还是影片产量和市场规模，都位居世界前列，但是随着全球化的进程，中国电影在更深层次的文化传播、价值观引领和精神影响等方面与世界电影强国相比，仍然有很大差距。尤其现在中国影视更需要在新时代的语境下重新谋篇布局，这是由中国影视的现状和由大变强的发展需求决定的。

记　者　早在1995年，您就提出了“中国影视民族化”的理论课题，影视民族化，是不是也体现了我们的文化自信？请您谈谈这一理论的具体内涵。

黄会林　20世纪90年代，那个时候的中国影视全是学外国，是西方覆盖，是好莱坞式的。所以，我们提出来我们要建民族的影视，要和我们的传统文化结合。我们要用我们传统的美学思想、文化思想，来面对我们的影视实践、戏剧实践，然后去提升它。影视艺术作为一种文化形式，应该具有民族特色和文化内涵。只有通过民族化，才能使影视作品更好地反映本民族的文化传统、价值观和审美观念，增强民族文化的认同感和凝聚力。影视民族化是践行文化自信的必由之路。影视艺术是一种世界性艺术样式，但它同时又以美学性和文化性区分了不同民族与国家的艺术风格，如电影在发展中形成了不同学派。而中国电影也以一大批具有民族风格的优秀作品，为世界电影“中国学派”的创立打下了基础。中国影视发展的历史表明，虽然影视属于典型的“舶来品”，但是，中国影视并非欧美影视的翻版，而是具有鲜明的中国文化特征。因为影视不仅仅是科技工业，也是美学与艺术，科技手段固然没有民族和国家的界限，美学与艺术却有着明确的民族特色，所以我认为，影视语言可以是世界的，但影视语法必须是中国的。中国影视能否在世界上有一席之地，关键在于中国影视是否生成了具有民族特征的艺术风格。

记　者　结合您多年的研究和实践工作，您认为中国影视如何实现民族化?

黄会林　在我看来，中国影视民族化至少要从三个方面来着手：一是要自觉地构建有中国特色的、民族化的电影艺术理论体系，这样才能够有效指导中国影视实践的影视理论；二是要创造性地进行民族化的影视实践活动。我一直倡导“知行合一、学以致用”的治学理念。民族化的电影艺术理论需要民族化实践验证和支持，才能相互促进不断发展；三是要搭建完善支撑影视民族化的学科体系，要加强对本民族文化传统的研究和传承，挖掘和整理本民族的文化资源，要重视影视的创作实践和理论体系的建构，来搭建完善支撑影视民族化的学科体系。

提倡影视民族化，说到底就是要提升我们的文化主体意识，这就要求我们在影视文化的理论及实践中全面体察和呈现我们的民族文化，在坚持民族品格的基础上勇于创新，既讲好独一无二的中国故事，也回答普世关注的人性课题，既彰显我们引以为豪的中国美学，也传达人类命运共同体的美好愿景。不忘本来，吸收外来，面向未来，只有这样，才能真正提升中国影视的世界影响力，从而树立和彰显我们的文化自信。

“第三极文化”植根于中国数千年的文明传统，以倡导文化多样化为前提

记　者　2009年的时候，您和绍武老师提出了“第三极文化”，当时背景是怎么样的?

黄会林 那个时候，我们时常感觉非常忧虑。具有5000年悠久历史和深厚积淀的中国文化遭遇了外来文化的强烈冲击，我们的传统文化缺少传承，当代国人“精神缺钙”。所以我们当时讨论，中国文化一定要有自己的坐标，一定要有自己的目标，重视自身文化中的精华部分，在这个基础上去吸收世界，而不是让世界覆盖了自己。“第三极文化”是对世界文化多元化的理论思考。我们认为世界文化格局是多元的，其中最主流的、影响力最大的有三极，包括欧洲文化、美国文化与中国文化。

记　者 为什么用“第三极”，极是指什么？

黄会林 我们借用了地理学概念。地理学上用南极、北极、“第三极”（指青藏高原）来指代地球上最具特点的三个地方。“极”是顶端的意思，它的含义是指在某一范畴内最为突出、最具代表性，与其他范畴相比具有非常鲜明和独立的个性、品质和特点。“第三极文化”在梳理、总结、继承和发扬中国文化中最为突出、最具特色、最有代表性的内容基础上，把中国文化放在世界文化背景上加以观照。世界文化就像一个百花园，百花争艳，里边有影响力和覆盖率的是少数，欧洲文化、美国文化覆盖世界，是世界文化的两极，“第三极”就是我们中国，我们中国文化就要占据这个位置。面对强势文化的包围，我们不能忽视中国文化的优良传统和自我更新能力，而应在全球意识的观照下，加强文化自信，寻找中国文化自己的坐标，发展和传播中国文化，使中国文化精神与时代要求接轨。

记　者 “第三极文化”有什么特征？

黄会林 可以从三个方面来理解与阐释：一是“第三极文化”植根于中国数千年的文明传统。文化软实力的核心是中国文化精神，传统文化中“仁者爱人”“知行合一”“道法自然”等价值观构建了中国文化之魂。我们需要守住民族文化的本性。寻找源头，不断创造自己独特而不可替代的“第三极文化”。二是“第三极文化”是与时俱进的文化。它主张对传统也要扬弃，主张不断吐故纳新，既从自己的文化传统中吸取力量，又积极学习、借鉴其他文化的优秀经验，吸引人类优秀文明成果，不断开创新的传统。三是“第三极文化”以倡导文化多样化为前提。它并不排斥其他文化，以倡导文化多样化为前提，尊重文化的多元与差异，主张以“和而不同”的理念，推进世界文化的多元呈现。

记　者　“第三极文化”目标实现的具体路径有哪些？

黄会林　我们提出了四个途径：一是学术研究。“第三极文化”的研究命题具有鲜明的当下性，研究者应当结合时代要求，直面社会现实，带着问题意识去研究。二是艺术创作。要下大力气创作大量原创的，具有深厚“第三极文化”底蕴，具有中国精神、中国气派、中国风格的作品，包括诗歌、小说、戏剧、散文等文学作品，也包括影视、音乐、舞蹈、绘画、书法等文艺作品。三是文化传播。我们不能止于书斋，要有行动。酒香也怕巷子深，中国文化再好，也需要传播才能实现其价值。我们需要设计打造一些易于被识别、易于传播、具有丰富内涵和时代精神的中国文化符号，努力建设一批具有国际影响力的文化品牌，尤其要注重现代科技手段的运用，积极运用互联网等新媒体技术传播中国文化。四是资源整合。研究、创作和传播，任何一个环节都需要大量人力、物力投入，需要国家和社会提供诸多资源。“第三极文化”需要吸收和团结社会多方面力量，需要资源整合，需要学界、业界、政府、高校共同行动。

让世界更多听到和看到中国文化的自信来源和新生力量

记　者　您现在担任北师大中国文化国际传播研究院院长，您觉得推动中国文化国际传播有哪些有效的途径？

黄会林 中国文化国际传播研究院自2010年11月建院以来，开展了一系列科研、创作项目，推动中国文化更好地走向世界。概括起来主要可以归纳为7个字："看""问""论""研""刊""创""会"。"看"就是"看中国·外国青年影像计划"项目，每年邀请外国青年来中国体验中国文化。"问"是指"中国电影国际影响力全球问卷数据调研"项目。"论"是指"第三极文化"国际学术论坛。"研"是我们获得了国家社科基金重大项目，研究当代中国文化的国际影响力生成。"刊"是我们办了一本英文学术期刊，简称ICCC，就是《中国文化国际传播》。"创"，是创作包括长篇小说《红军家族》（前传）及其改编的长篇电视剧在内的文艺作品、纪录片等。还有一个"会"就是会林文化奖，表彰在中国文化国际传播方面作出突出贡献的中外人士。

记　者 "看中国"为什么要请外国青年看中国，创办以来影响力如何？

黄会林 "看中国·外国青年影像计划"选择世界各国一流大学展开合作，每年邀请100位外国青年，在中国拍摄完成一部10分钟的文化纪录片。旨在通过外国青年电影人的独特视角，开创"外国青年讲中国故事"，以影像看中国、认识中国、传播中国的新模式，从而提升中国文化的国际影响力和吸引力，加强中外青年之间的跨文化沟通、交流与合作。

"看中国"是从2011年开始的，第一年请了美国波士顿大学9位学电影的学生，他们的任务是20天之内完成一部短片。他们到了北京，几个人在机场左看右看，最后询问，你们中国怎么可以有这么好的航站楼呢？怎么可以超过我们的肯尼迪机场呢？他们不了解中国，对我们有误读，很大程度是因为对外传播没有跟上。"看中国"就是要请外国人来走一走、看一看，让他们亲身体验中国文化。

"看中国"至今已走过13个年头，截至2023年，共邀请了102个国家1009位外国青年落地中国27个省（区市），完成985部纪录短片，获得188

个国际性的奖项，在26个国家展映。在国内外获得越来越广泛的影响力，成为彰显中国魅力、宣扬中国文化的品牌项目，对于中国的多元文化交流起到了很好的促进作用。

记　者　对年轻一代在文化传承中的这种角色和责任，您有什么期待？

黄会林　我一直有一个观念，我觉得青年人包括大学生需要塑造，也是可以塑造的。青年的潜力是无限的，文化的传承将来主要靠他们，而如何引导他们塑造他们，我们当老师的责无旁贷。

去年11月，习近平总书记在旧金山发表演讲时，再次向美国青少年发出邀约，中方未来5年愿邀请5万名美国青少年来华交流学习。要让世界知道中国，就需要着眼于青年，着眼于视觉。中国文化的国际传播任重道远，希望更多有志青年加入我们，用他们的智慧和勤劳，让世界更多听到和看到中国文化的自信来源和新生力量。

（栾　静　吴梦琳）

40

提要

- 传统节日集中体现了中国人的时间系统和文化观念，是文化认同、民族认同、国家认同的重要标志

- 保护非遗，就是保护和传承民族文化中色彩斑斓的宝贵遗产，是时代赋予我们的责任和义务

- 中国人对二十四节气这一时间制度的发明，是人类知识宝库中当之无愧的宝贵遗产

- 保护非遗的根本目的是保护传统、保护整体的优秀传统生活方式，体现对匠人、技术和创造精神的尊重

刘魁立

中国社会科学院荣誉学部委员

非遗保护专家

人物简介

刘魁立，1934年出生，中国社会科学院荣誉学部委员，历任中国社会科学院民族文学研究所所长、《民族文学研究》主编等职。著有《民间文学的搜集工作》《刘魁立民俗学论集》《民俗学：概念、范围、方法》《民间叙事的生命树》《神话新论》等数十部著作，译有《列宁年谱》《序幕》等多部译作。

他是20世纪以来中国民间文学研究最重要的学者之一，同时也是中国非物质文化遗产保护工程的重要参与者、实践者以及学术领域的重要理论建设者和贡献者，诸如非遗的共享性与基质本真性保护、整体性原则、传承人问题、公产意识和契约精神、传承与传播、文化生态保护区建设等，深刻影响着中国非遗保护的实践走向。

非遗保护20年
国人更加尊重和热爱中国传统文化

端午节三天小长假一过，人们就迫不及待期待着中秋佳节的到来。将清明、端午、中秋增设为国家法定节假日，始于2007年国务院修改全国年节及纪念日放假办法。这个假日重大变化的背后，离不开一众专家学者矢志不渝地推动民族传统节日与国家法定节假日结合，刘魁立先生便是其中重要的一位。刘魁立，一生从事民间文化研究。从20世纪60年代初苏联留学归来，便深深扎根于民间文化领域。即使年届九旬，依然积极为非遗保护以及传承弘扬中华优秀传统文化出谋划策。近日，刘魁立在北京接受了四川日报全媒体“文化传承发展百人谈”大型人文融媒报道记者专访。言及非遗保护传承，他认为中国20年来持续不断的工作使非遗保护成果有了质的飞跃，不仅抓住了非遗保护的核心、传承人的问题，多年来对非遗的重视，也让越来越多的国人更加尊重和热爱中国传统文化，并自觉投入传承的队伍中。

◆ 民俗学是走出来的学问

民间文学、民俗、非遗……刘魁立的研究对象，有着鲜明的特色。作为20世纪50年代就留学苏联的“海归”，刘魁立的研究对象没有选择普希金、托尔斯泰等文坛泰斗，反而是对准了普通百姓和他们的文化。他笑称：“我选择研究民间文化。”

刘魁立对民间文化的热爱，在青少年时期就埋下了种子。那些民间的年节习俗和有趣的婚丧礼仪令他好奇，“孟姜女哭长城”“牛郎织女”等传说故事和戏文，总让他听得津津有味。16岁时，刘魁立被选送到哈尔滨俄语专科学校学习，后又被选派到苏联留学。在学校听教授讲述俄罗斯民间文学以及到乡下考察、搜集民间故事的经历，让他完成了对民间文化从感性上的喜欢到理性热爱的转化。“在历史进程中，老百姓的文化非常值得研究，因为他们根植于泥土中，拥有旺盛的生命力。”

刘魁立一直信奉“民俗学是走出来的学问”。从苏联归国后，他被安排在黑龙江大学中文系当老师，在黑龙江省文联的支持下，开始针对当地少数民族民间文学进行调查。刘魁立有一个宏伟规划：争取按地区、民族、职业，把全省民间文学蕴藏和流传的情况都考察一遍。连续3年，他和同事一起，深入满族、朝鲜族、回族、赫哲族搜集民间故事，听他们讲节日习俗，甚至还专程搜集过抗联的传说。“当时的条件很差，能够用的只有笔和纸。好不容易借到一台美国20世纪二三十年代制造的录音机，结果有十几公斤重……”条件虽艰苦，刘魁立却乐在其中，他没想到自己所在的黑龙江居住着那么多少数民族同胞，他们的传统文化又是那样丰富多彩，“在我的面前，仿佛打开了一座宝库。”

1979年，刘魁立从黑龙江调到了北京，到中国社会科学院文学研究所工作。参与推动恢复中国民间文艺研究会、协助文艺理论家毛星编撰《中国少数民族文学》，其间频频前往新疆、云南、贵州、四川等地的民族地区调查少数民族文学和民俗，和新疆的俄罗斯族同胞一起跳热烈的民间舞蹈，在西双版纳听傣族同胞庆贺新房落成时狂放不歇的歌声，刘魁立深深感受到民间文化生命的脉动，“我要把世世代代流传的文化遗产搜集起来整理研究，这是我们的历史责任。”

那些年里，刘魁立的民间文学研究既有深厚的本土文化观照，又有学科前沿的理论构想和建树。他最先力排众议，提倡忠实记录“一字不移”，提出“活鱼要在水中看”；对“母题”“情节”等传统概念的创新性探索，尤其对“生命树”叙事理论的构建，在学界产生了深远影响。

他还协助推动成立了中国民俗学会，相继参加《中国民间故事集成》总编委会工作、主编《民族文学研究》杂志等。作为课题负责人组织“中国少数民族文学史丛书”编写时，推出的民族文学史达到40多部，以诗歌、小说、散文等不同的类别呈现了少数民族鲜活生动的文学创作。

刘魁立出版的著作

◆ 投身非遗事业，贡献诸多保护理念

从21世纪初开始，非物质文化遗产的保护和传承开始受到重视。原本就学民俗学，且对民间文化发自肺腑地热爱的刘魁立，又全身心地投入保护传承中国非遗的事业中。

刘魁立对中国民间文化爱得有多深沉？有两个故事或许可以证明。他曾前往泸州考察国家级非遗项目先市酱油。站在赤水河畔，看到数百口发酵黄豆的酱缸排得整整齐齐，仿佛在迎接游客检阅的士兵，空气中还弥漫着豆子发酵的香味，刘魁立感动得双眼湿润，“中国的传统工艺就是被一个个这样有情怀的小作坊保存了下来，生生不息。”而2008年“5·12”汶川特大地震发生以后，对羌年印象深刻的刘魁立第一时间申请到四川做志愿者，无奈有关方面考虑他年事已高拒绝了他的申请，这一直被他引为憾事。

不过，在长达20年的时间里，刘魁立对中国的非遗保护贡献良多。

2005年，国务院办公厅发布第一个非遗保护工作指导性文件《关于加强我国非物质文化遗产保护工作的意见》，刘魁立就参与了文件的起草。正是这份《意见》充分阐释了我国非遗保护工作的重要性和紧迫性，提出了保护工作的目标和方针，并且提出要建立名录体系，逐步形成有中国特色的非遗保护制度。以此为起点，刘魁立全身心投入当时文化部非遗司主持的国家级非遗代表作名录、代表性传承人名录、文化生态保护区名录，以及向联合国教科文组织申报人类非物质文化遗产代表作名录候选项目等的评审工作。2011年，全国人大常委会审议通过《中华人民共和国非物质文化遗产法》期间，正是他向代表们宣讲了保护非物质文化遗产的知识。

正如中国社会科学院学部委员、中国少数民族文学学会会长朝戈金评价的那样，刘魁立具有“开拓多领域学术标志性成果的卓越能力”。一头扎进非遗领域以后，刘魁立所思所著皆以非遗的保护与传承为主题。他在中国非遗保护实践与研究中的个人足迹，一定程度上成为中国非遗保护事业的时代剪影。

早在2003年左右，刘魁立就提出了非遗的整体性保护原则。他认为既要保护非遗有形的外在，更要注重它所依赖的环境；不仅要重视非遗的静态成就，也要关注它的存在方式和过程以及它所体现的智慧和情感等，不能把非遗解构成散乱的零件、变成文化的碎片或孤岛。他还提出非遗的共享性与基质要素保护，也就是非遗保护并非只是传承人的责任、非遗保护也并非一成不变，而是在基质守正的前提下允许不断发展、演进和创造。在非遗传承人出现只关注申报和身份认定，却不履职尽责的倾向时，刘魁立又及时提出非遗保护传承要有“公产意识和契约精神”，提醒传承人非遗是人民群众在历史中共同创造出来的，传承人有保护的责任却无独占的权利。正是在这个大背景下，非遗传承人退出机制在几年前出台，不能尽职履约的传承人在一定条件下将被除名。

刘魁立对非遗保护传承的系列思考，只为对非遗保护的实践以及非遗基础理论建设带来积极作用。为了给非遗的整体性保护创造条件，他和专家又为文化生态保护区建设出谋划策，确保非遗与有形的物质文化遗产相依相存，创造可持续发展的文化生态环境。如今，闽南文化、晋中文化等一大批具有鲜明特色的地方传统文化，以及在“5·12”汶川特大地震中损毁严重的羌族文化，经过多年的文化生态保护区建设，已经得到保护并重放异彩。

◆ 推动传统节日与国家法定节假日结合，传承弘扬中华文化

刘魁立的研究和公众最息息相关的，莫过于带领中国民俗学会完成“民族传统节日与国家法定假日”课题，直接促成了2007年国务院修改全国年节及纪念日放假办法，把清明、端午、中秋等三个传统节日增设为国家法定节假日。

刘魁立认为，“传统节日集中体现了中国人的时间系统和文化观念，是文化认同、民族认同、国家认同的重要标志”。虽然前些年这几个传统节日不放假，“但在民间，这些节日以及和节日相关的习俗是存在的。清明时大家会给亲人扫墓，端午会挂艾草、包粽子，中秋则会吃月饼”。如果这些拥有深厚文化积淀的传统节日能够以法定节假日的形式呈现，“可以把传统节日在更多老百姓心中树立起来，让我们更热爱自己的民族和文化传统，增强文化自信”。2005年起，刘魁立担任会长的中国民俗学会，连续三年以“传统节日与法定假日”为议题召开国际学术研讨会，邀请多国民俗学家讨论各国传统节日与现代国家公共假日的关系，目的就是推动传统节日和法定节假日融合，争取将民族传统节日纳入法定节假日体系。2006年12月至2007年2月，受国家发展和改革委员会及当时的文化部委托，刘魁立率领中国民俗学会完成了相关课题，他亲自执笔主体论证报告，对我国传统节日的起源、流变和文化内涵进行阐解，对节假日体系改革问题提出建议。考虑到假日或多或少直接影响到国民经济，刘魁立曾建

议在原有的假日天数里不增加新的天数，而只是把“五一”和“十一”假期挪给传统节日，不给国家经济增加负担，“让我没想到的是，国务院最后公布的假日方案里，除了把三个传统节日定为了法定假日，整体的假日时间还比原来多了一天。”

2016年，中国的二十四节气被列入联合国教科文组织人类非物质文化遗产代表作名录。该项目虽然由中国农业博物馆带头申报，但其间担任中国民俗学会会长、名誉会长的刘魁立带领一众民俗学家发挥了重要的智力支持和学术支撑作用。仅是申报前的文本制作以及提炼项目的价值意义，就开了近20次研讨会。除了最后两次对文本进行翻译时没参加以外，刘魁立、罗微、祁庆富等专家全程不落，只为提炼出二十四节气的准确精神内核。

刘魁立出版的著作

最近20年来，中国的非遗保护传承成果丰硕，刘魁立仍然活跃在非遗保护传承的战线上。以专家身份参加人类非物质文化遗产代表作名录、国家级传承人等的评审工作，2024龙年的生肖邮票设计也邀请他从民俗角度提供设计参考。

放弃颐养天年而投身工作，累吗？刘魁立乐在其中。能推动中国宝贵的非物质文化遗产代代相传，永葆青春，就是他的力量之源。

保护非遗就是保护自己的历史和传统

二十四节气的时间认知体系是中国人对人类的重大文化贡献

记　者　当年为什么要把二十四节气申报为人类非物质文化遗产，它究竟有何重要意义？

刘魁立　二十四节气严格来说是中国人时间制度的一部分，是一个客观的存在。比如一年作为一个周期，这一年怎么切分？我们的祖先想到了根据一年四季的气候和物候。他们很早就观察到了太阳和地球之间的关系，发现一年当中有一个时间白天最长、晚上最短，另一个时间晚上最长、白天最短，所以确定了夏至和冬至；后来又发现有两个时间白天晚上相等，这就是春分和秋分。有了“两分”“两至”以后，他们又确立了另外几个时间节点，也就是一年四季从何时开始，所以我们有了立春、立夏、立秋和立冬。有了这8个节气之后，又在每两个节气中间根据气候物候的状况，放上两个相等的时间节点，就出现了我们现在知道的二十四节气。

这个二十四节气是我们观察太阳和地球之间关系得来的，是太阳历的一部分。世界上很多的区域文明也有类似的太阳历。中国不仅有二十四节气，还有七十二候，把物候和气象的变化进行了非常好的总结和提炼，是中国人从实践中摸索总结出来的知识体系。作为一个农业大国，中国这个时间传统一直保持着，甚至到现在也仍然指导着我们的农业生产活动。

我们当年积极推动二十四节气申报人类非物质文化遗产，就是觉得它太重要了。它虽然不是节日，却是我们进行生产劳动时非常重要的指导原则和标志。直到现在，中国有些地方在种田或者秋收时的节气，都还会举行一些仪式性的活动。

记　者　城市化以后很多人离农业已经十分遥远，二十四节气在当下有何时代意义？

刘魁立　二十四节气，不仅和农业生产活动有关。它是和我们整个地球、全人类，乃至每一个人生命进程都密切相关的自然生态的时间记录。形象地说，二十四节气记录了地球的年轮。大多数人仿佛已经不需要用二十四节气来指导日常生活了。但相比我们现在用月份、用星期来安排工作和生活，二十四节气这种根据大自然变化而制定的时间框架，拥有其独特的科学价值和丰富内涵。二十四节气除了指导农业生产活动，随着节气的变化，一年四季有了更生动的关系和情感表达，也提醒着人们要回归自然、要与自然和谐相处。就像清明节，是春分后的第十五天。此时阳春三月，万物复苏，天朗气清，所以自古以来中国就有清明踏青、春游同时祭扫的习俗。端午的时候是仲夏之月，又称“恶月”，邪气萌动，当须避之。所以端午节的时候有沐浴兰草汤、采药、戴香包、系五彩线以及借助艾草、菖蒲、雄黄酒、朱砂等防五毒以送瘟神的做法。这些习俗无不是基于对大自然节气的科学把握所形成的。所以即使到现在，二十四节气依然具有重要的时代意义。中国人对二十四节气这一时间制度的发明，是人类知识宝库中当之无愧的宝贵遗产。

中国传统节日具有协调人与自然关系的重要意义

记　者　国家把传统节日纳入了法定节假日，体现了对中国传统节日以及百姓情感的重视。相比西方的圣诞节等节日，中国4个传统节日有哪些不一样的地方？

刘魁立　中国的传统节日的确和很多国家的不一样。相比有些国家或民族的节日体系是以宗教人物或者社会名人的纪念日作为依据而制定，中华民族的传统节日主要是以协调人和自然的关系为核心而建立的，我们的节日和中国传统的时间制度紧密联合在一起，依据过去千百年来通行的阴阳合历而确立。数千年来，这一节日体系已经成为中国民俗传统的重要组成部分。

这里我要特别说到年。这是一个非常重要的调节我们和自然关系的节日。怎样体现一元复始、万象更新？怎样协调人与自然、又解决人和人之间的关系？所以我们过年有了很多仪式。比如，过年前要把屋子打扫干净；以前还要喝屠苏酒——象征去掉一切邪气，迎接新的一年；要给老人磕头表示尊重、老人要给晚辈压岁钱以示爱护；要给亲戚朋友拜年等。如今，传统节日对于我们来说已是一种民族认同和身份认同的标志了。

遗憾的是，1912年颁布相关“历书令”，规定废止通行了数千年的“夏历”。按照新的历法，一年从西历的1月1日开始，我们原来的元旦指正月初一，后来挪给了1月1日，正月初一没有了名字，过年也变成了过春节。当然我也很欣慰十几年前国家把4个传统节日定为法定节假日，相当于重建和恢复了人们关于历史传统的记忆。

记　者　那为什么现在还是有人会感叹过年越来越没有年味了？很多人认为要增加对传统节日的热爱，最简单的办法就是增加过年放假的天数。

刘魁立　我个人认为在传统节日成为法定节假日以后，节日的氛围以及公众对传统节日的尊重、对传统节日文化内涵的认知是有提升的。

只不过当下生活节奏加快，老百姓对现实生活的关注有时候要远超对传统的关注，并不会特别去思考要如何延续传统节日的命题。这可能需要花一些时间才能改变，传统节日成为法定节假日以及对传统习俗的保护总体上还是提升了大家对传统的认知。

只是年味有没有变得稍淡这个问题，要看每个人理解的年味究竟是什么。年味只是体现在放鞭炮或看扭秧歌上吗？我觉得年味是在人的心里。如果你觉得这个年特别重要，特别想把年过好，真正在过年时敬老爱幼，这个年味就足了。当然你如果认为过年就是吃好穿好，而现在平时也能吃美食穿新衣，那当然就没了年味。

至于过年的时间能不能延长？当初在推动传统节日纳入法定节假日时我曾思考过这个问题。但我们必须认识到，增加假日，国家财政就要考虑假日经济问题，这些问题需要整体地、系统地来思考。

保护非遗并非一成不变

记　者　我们为什么需要保护非遗？

刘魁立　非遗是一个群体、社区共同的生活方式，是民族价值观的反映，也是民族精神和民族性格的体现。它是一个民族奋斗和创造的历史印迹，是民族历史这棵参天大树的“文化记录”，是一个民族同自己历史进行对话的结晶。它还有一个非常重要的意义就是能够团结一个群体，形成一种身份认同。作为一个中国人，大多会为欢度春节而激动，也知道中秋节吃月饼的背后有月圆人团圆的美好寓意。保护非遗，就是保护和传承民族文化中色彩斑斓的宝贵遗产，是时代赋予我们的责任和义务。只有最大限度保护和发展底蕴深厚、色彩绚丽的民族文化，才能使人类文化的多样性和丰富性得到体现。

记　者　保护非遗是让它以过去的样子一成不变吗？

刘魁立　这其实是一个很多人都存在的误解。要求非遗以昨天的样子永久长存一成不变，其实就是想按住历史不让它往前走。我们不能让一个人永远处在3岁的样子不继续成长，所以非遗同样需要不断发展、演进、再创造。我曾经提出过一个非遗保护的基质本真性问题，也就是说只要保护了非遗的基本性质、基本功能、基本结构、基本形态以及它对人的价值关系，使之不发生本质改变，那就可以允许非遗有正常变化。比如一种手工艺品，或许今天流行这种纹饰，到后面就流行另外的颜色和图案，不能说这个手工艺保护失败，它只是一直在发展变化而已。只要这个变化保持在一个同质限度之内，也就是它的核心要素没变，非遗就还是那个非遗。

记　者　2024年刚好是中国加入联合国教科文组织《保护非物质文化遗产公约》20周年，这20年来您认为中国保护非遗的成果有哪些？

刘魁立　这20年来，中国非遗保护在某种意义上实现了质的飞跃，我个人印象最深的就是非遗的整体性保护成果突出，尤其是提出了非遗保护的核心问题，也就是传承人的问题。历史上民间那些讲故事的人、唱史诗的歌手，大多没有留下名字；那些精美绝伦的手工艺品，大家关注的往往也是工艺品本身的精美，极少关注到手艺人的智慧。所以非遗传承人概念的提出，堪称找到了保护和传承的根。在这一保护过程中，传承人有了荣誉感和自豪感，建立起了文化自信，甚至有了责任担当。作为传承主体，他们的观念和情感也发生了非常大的变化，这些变化让他们的技艺和智慧重新焕发旺盛的生命力和创造力。

另外，我们还注意到非遗已经让很多地区百姓致富奔康。“非遗传承人+农户+合作社”的形式，在很多地方取得了很好的成绩，有效地改变了一些农村的面貌。当然我们必须清醒地认识到，非遗的确在一定程度上能够帮助人们赚到钱，但保护非遗的根本目的是保护传统、保护整体的优秀传统生活方式，体现对匠人、技术和创造精神的尊重。比如节日、礼俗、传说这些非遗都不赚钱，所以非遗保护主要任务不是赚钱，不能成为市场的附庸。如果纯粹指着通过非遗去发财，那就与非遗保护的初衷南辕北辙了。

（吴晓铃）